U0838636

当代青年
万能手册

李向阳 主编

中国商业出版社

图书在版编目（CIP）数据

当代青年万能手册 / 李向阳主编. -- 北京 : 中国商业出版社, 2024.7

ISBN 978-7-5208-2909-0

Ⅰ. ①当… Ⅱ. ①李… Ⅲ. ①社会交往－青年读物 Ⅳ. ①C912.3-49

中国国家版本馆 CIP 数据核字 (2024) 第 096033 号

责任编辑：包晓嫱

策划编辑：佟　彤

中国商业出版社出版发行

(www.zgsycb.com 100053 北京广安门内报国寺1号)

总编室：010-63180647　　编辑室：010-83118925

发行部：010-83120835/8286

新华书店经销

三河市京兰印务有限公司印刷

*

710 毫米 ×1000 毫米　16 开　12.5 印张　168 千字

2024 年 7 月第 1 版　2024 年 7 月第 1 次印刷

定价：59.00 元

* * * *

（如有印装质量问题可更换）

目录
CONTENTS

第一章
高情商的社交技巧

第 1 节

把握初次见面，打造第一印象

无论是在职场还是在生活中，与人初次见面时，一句悦耳动听的开场白就可以打破冷场，引入话题，让对方觉得你是一个容易接触的人，有想跟你继续交流的欲望，从而给对方留下较好的第一印象。同样地，一句不中听的话，很可能会破坏交谈的气氛，从而让你失去交朋友的机会。那么，初次见面，如何给对方留下一个好印象呢？下面列举五个原则和一些实用的技巧。

1. 第一句话就把问候送出去

初次见面或者与熟人相遇时，问候总是不可或缺的，可以用最简单的“您好”来打招呼，拉近彼此之间的距离。如果能在这个基础上，因对象、时间的不同而灵活使用不同的问候语，效果则更好。比如，对于德高望重的长辈，可以说“您老人家好”，以示敬意；对于与自己年龄差不多的人，用“嘿，你好”，显得更加亲切；对于医生、教师等，则可以在问好的时候加上职业称谓。如果是早上，可以用“早安”来问候；如果正好赶上饭点，可以问问对方“吃饭了没有”；等等。

简单的问候之后，接下来就可以介绍你的姓名、籍贯等，说话的时候记得面带真诚的微笑。只要你迈出这一步，一定可以和对方越聊越熟悉，很多好朋友就是这样交到的。

2. 通过攀亲戚、聊老乡拉近彼此距离

刚见面的两个人肯定是陌生的，但只要稍加留意，就不难发现彼此有着共同的“亲”“友”关系。就像赤壁之战中，鲁肃见诸葛亮的第一句话是：“我，子瑜友也。”子瑜是诸葛亮的哥哥，也是鲁肃的挚友，于是这短短的一句话就拉近了鲁肃与诸葛亮的关系。

从心理学上来讲，每个人的潜意识中都有一种“排他性”，会对跟自己无关的人或事物有一定的排斥，而对自己的，或与自己有关的人或事物则会不自觉地表现出兴趣和热情。亲友、老乡这类较为亲近的关系会给人一种熟悉的感觉，使交际双方易于产生信任感，从而快速拉近彼此距离。因此，若得知自己与对方有这类关系，寒暄之后，不妨直接讲出，让对方与你“一见如故”。

毛泽东同志就常用这种“拉关系”的技巧。接见民主人士时，凡是与他有点儿亲戚关系的，或是有师生、故友、老乡关系的，往往刚一见面，没出两三句话，他就爽快地与对方“交朋友”“认亲戚”。接下来，在“我们是一家子”的爽朗笑声中，气氛亲热了，彼此熟悉了，被接见者也倍感亲切了。

3. 用敬重仰慕的方式让人感受到尊重

联系对方的职业、身份等，对初次见面者表示敬重、仰慕，让别人心里舒坦，是热情有礼的表现。比如，“您的作品我读了许多遍，受益匪浅”“方老师，听说您是山水画的专家，请多多指教”等。

注意，用这种方式要掌握分寸，褒奖适度，切忌胡乱吹捧，让别人无所适从，同时，谈话的内容要符合实际，不能胡乱给人“戴高帽”，让别人难堪。

4. 剖析对方的名字来引起对方的兴趣

名字不仅是一种代号，在很大程度上还是一个人的象征。初次见面时能说出对方的名字，就成功地迈出了交际的第一步，若能再对对方的名字进行恰当的剖析，彼此间的关系就能更上一层楼。比如，遇上一个叫“建瓴”的朋友，你可以利用成语称赞道：“高屋建瓴，顺势而下，可攻无不克，战无不胜，这个名字可谓意味深远呀！”如果对方的名字比较普通，那么简单地组词、造句，引出美好的寓意，也未尝不可。总之，恰到好处地围绕对方的姓名来称道对方，不失为一种拉近距离的好方法。

5. 聊聊对方的职业

每个人对自己所从事的职业总是非常熟悉的，初次见面，简单寒暄后，不妨询问对方的职业，然后说说你对这个职业的了解，“话匣子”自然就打开了。如果两个人在交谈中发现对这个职业或行业有相同的简介，接下来就可以更深入地沟通，或者交流经验和想法了。

初次见面时的寒暄可以建立初步的信任和友好氛围，为后续的交流打下良好基础。通过以上五种方法寻找话题，展示对对方的关心，你可以更轻松地与他人建立联系，并且能获得更多的机会和支持。记住，初次印象往往会持续很久，所以好好计划一下你的初次寒暄吧。

第2节

一见面就喊出对方的名字

生活中，我们常有这样的感受：偶然在路上碰到多年前的老师、领导或同事，如果对方一下就喊出了你的名字，你的心中一定有几分窃喜，感觉自己在对方心中很有存在感；同学聚会上，老同学一见面就能叫出你的名字，一种久违的亲切感一定会令你心旷神怡，如沐春风。

美国前总统罗斯福有一句至理名言："一种既简单但又最重要的增加亲密感的方法，就是牢记他人的姓名，并且在下一次见面时喊出他的姓名。"名字的魔力在于它是我们与他人联结的纽带，是我们的标志、符号。我们都渴望得到他人的关注和尊重，而如果对方一见面就叫出我们的名字，那种被对方重视的感觉会让我们感到自己是受欢迎的、是比较重要的，自尊得到满足后，接下来的互动会更加愉快和有意义。

一次，美国三大汽车制造企业之一的克莱斯勒公司为罗斯福总统制造了一辆汽车。该公司的总经理张伯伦和一位机械师将这辆汽车开到了白宫，并得到罗斯福的接见。

在张伯伦的日记中，清楚地记载了当时的情形："总统一见到我的面，就马上叫出了我的名字，这使我非常感动。那天，跟我同去的还有一位机械师。这位机械师是一个很木讷的人，在我们说话的时候，他总是站在后面。虽然他从头到尾没有和总统说过一句话，而且总统也只听我介绍过一次他的名字，但出乎意料的是，当我们离开的时候，总统特意找到这位机械师，与他握手，还叫出了他的名字，对他来到华盛顿表示感谢。我能感觉出来，他的感谢一点儿都不做作，而是真心诚意的。”

张伯伦之所以在初次见面时就对罗斯福赞誉有加，并非因为对方的身份，而是因为他得到了对方足够的尊重。

第3节

所谓高情商，就是会说话

1. 所谓高情商，就是会说话

情商高的人会说话，每句话都充满了爱与智慧，让人感觉温暖和贴心。而情商低的人总是“话不投机半句多”，导致最后愿意和他聊天交心的人自然越来越少。

在一次初中同学聚会上，酒过三巡后，同学们互相开起了玩笑。李想自我解嘲：“初中的时候没赶上早恋，现在奔三了，想谈场恋爱也没那么容易了。”

大家都笑了起来，这时李斌突然补了一刀：“没事，早恋的确是来不及了，但你还能黄昏恋呢。”话音一落，只见李想的脸涨得通红，尴尬地喝了一杯闷酒。

后来班长张婷婷挨个给大家敬酒，轮到李斌的时候，他突然发问："你现在干吗呢？"张婷婷愣了一下，答道："我还在读博士后。"

"你这都多大了还在读书啊，我觉得女孩子读这么多书没啥用，还不如早点儿嫁人生孩子来得实际呢。"气氛再次达到冰点。

我们身边不乏这种不会说话的人，他们不分地点和场合，想到什么说什么，丝毫不顾及他人的想法。而情商高的人则与之相反，他们的观察能力很强，总能捕捉到他人细微的表情变化，从而迅速了解他人的情绪，然后用对方容易接受的方式表达自己的观点；他们也善于倾听，即使对方的话题不是自己感兴趣的，仍然能专注地倾听，然后结合对方说话的内容，给予合适的回应。这样的人，当然更容易交到朋友。

2. 所谓高情商，就是适当赞美

美国伯利恒钢铁公司第一任总裁查尔斯·施瓦布说过："我知道促使人将自身的能力毫无保留地发挥出来的最好办法，就是赞美和鼓励。我从来不批评他人，因为我一直坚信奖赏是让人工作的定力，因此我习惯赞美而讨厌吹毛求疵。如果问我喜欢什么，那就是真诚、慷慨地赞美他人。"

通过赞美他人，我们不仅表达了对他人的关注和尊重，还能够激发他们的积极性和自信心。这种正向的互动能够加强人际关系，建立信任，并为未来的合作和发展创造更多机遇。习惯于赞美他人不仅能让对方感到愉快，也让我们自己受益匪浅，何乐而不为呢？

3. 所谓高情商，就是懂得什么场合说什么话

高情商的人之所以受人欢迎，是因为他们能够根据不同的情况、不同的地点、不同的人物，变换自己说话的语气和方式，对方喜欢什么，就和对方聊什么，这叫“投其所好”；对方厌恶什么，忌讳什么，就要尽量避开，不要“踩雷”。这样，对方自然会觉得你是他的“知心人”，而向你敞开心扉。相反，如果不顾场合和对方的身份信口开河，比如，以说教的语气同师长说话，以傲慢的态度同朋友说话，以咄咄逼人的姿态同上级说话，那么你注定不会受欢迎。

假设你在一个商业会议上与一位重要客户初次见面。这时候，你可以向客户表达对他们公司的兴趣，并提出一些相关的问题，显示你对他们业务的了解和关注。同时，你也要聆听客户的观点和需求，并回应他们的话题，展示出你对他们的关注和尊重。

在这种场合，要避免谈论过于个人化的话题或者敏感的话题，如政治或宗教，而要多多关注和行业相关的话题，寻找讨论共同的利益和机会。聊天时，要注意自己的礼仪和对方的情绪或言语信号，以便准确地判断何时该发表意见、何时该倾听，以及何时该提出合适的问题。

通过在这种场合说适当的话，你不仅展示了自己的专业素养，还能够建立与客户之间的信任和共鸣。这种高情商的表现能够帮助你在商业环境中取得更好的合作机会，为自己和公司谋求更大的成功。

虽然人人都“能”说话，却并非人人都“会”说话，只有学会在不同场合、对不同的人说不同的话，才能把话说到对方的心坎儿上，这样才能使你“言”到功成！

第 4 节

说话有度，交往有节

高情商的人在人际交往中善于控制自己的行为，说话之前必定三思，因为他们知道，说话是一种权利，更是一种责任。他们明白言语可以造福人类，也能够伤害他人。因此，他们精心选择自己的词语，以确保他们的话语是温和、鼓励和支持的。

高情商的人注重倾听，他们尊重他人的观点和感受，积极倾听他人的需求和意见。他们不会为了发表自己的意见而打断他人，相反，他们会给予对方充分的时间和空间，让每个人都有机会表达自己。

他们懂得用肯定的语言来关心和鼓励他人。当他们与他人交流时，他们会给予真诚的赞美和鼓励，让对方感受到自己的支持和认同。他们知道赞美的力量，可以激发他人的动力和信心。

高情商的人知道如何控制自己的情绪和冲动。他们明白，愤怒和冲动的言辞可能会造成不可挽回的伤害。因此，他们努力保持冷静和理性，避免在情绪激动时做出冲动的回应。

他们以身作则，用自己的行为示范出良好的言辞。他们始终努力与他人建立良好的沟通和关系，以展示如何利用言辞来促进理解、合作和共同成长。

高情商的人也愿意承担和纠正自己的错误。当他们意识到他们的言辞可能造成误解或伤害时，会及时道歉并努力修复关系。他们理解，对于言辞的责任，并不仅仅是避免伤害，还要善于弥补和修复。

“夫者存亡，嘴舌有责。”一言可以化干戈为玉帛，一言也可以令亲友反目成仇；一言可以兴邦，一言也可以丧邦。不良的语言习惯，肯定会遭到他人的厌恶与反感，也会为以后与人相处埋下隐患。伤人的话一出口就难有回旋的余地，不仅会让他人受到严重的伤害，自己也要吞下亲手酿造的苦酒。

春秋战国时期，齐国有位大臣叫夷射。有一天晚上，夷射被邀请参加齐王的酒宴。酒过三巡之后，夷射带着醉意退出宴席，靠在庭院的门边休息。守门的士兵看到他，便说："大夫，您今天喝得真痛快，如果您能留一些酒给卑职喝，那该有多好啊！"

夷射听了之后，很鄙夷地对看门的士兵说："你只是一个看门的贱人，凭什么来跟我要酒喝？"讨酒不成反被骂，士兵心里很不高兴。等到夷射离开之后，他便趁着四下无人，故意将一些水倒在门边，就像有人在这儿小便似的。酒宴结束后，齐王经过庭院大门，看到这片水渍，便生气地问守门士兵："是谁这么大胆，竟敢在这里小便？"

守门士兵回答说："我只知道昨天晚上夷射大人曾经在这里待了半晌，除此以外就没有其他的人经过这里了。"于是，齐王马上下令放逐了夷射。

古语云："口能吐玫瑰，也能吐蒺藜。"有人因言而招祸，有人因言而成就，有人舌灿莲花，有人口出污言秽语。赠人以良言，重如珠宝；伤人以恶言，甚于刀剑。

当我们意识到说话是一种权利，更是一种责任时，我们才能更加谨慎地选择我们的言辞，避免不必要的冲突和伤害。在日常生活中，有许多实际例子证明了说话的重要性和责任。

在家庭中，言语可以影响家庭关系的和谐与平衡。一个成熟的人，应学会用温和而支持性的语言与家人沟通，传达关爱与理解。例如，当你的伴侣遇到困难时，你可以用鼓励和安慰的话语来支持他，让他感受到你的支持和关心。相反，如果你用冷漠或伤害性的言辞对待家人，可能会破坏家庭关系，削弱彼此之间的亲密关系。

在工作场所，言辞的选择和方式也非常重要。一个高情商的员工会善用适当的语言去与同事们建立良好的关系，用积极的反馈和鼓励提高同事们的士气和工作动力，促进团队合作。

在社交圈子中，我们的话语也会对他人造成深远的影响。一个情商高的人会避免使用冒犯性的言辞，而尊重每个人的观点和感受，尝试用理性和理解的语言来表达自己的观点，而不是通过攻击性或侮辱性的言辞来迫使他人接受。

在社会中，言辞的作用更加明显。一个积极的、成熟的人，会使用鼓励和友善的语言促进社会和谐。相反，激烈和富有攻击性的语言可能会导致社会矛盾和冲突。

第5节

酒桌上的社交技巧

正所谓“酒逢知己千杯少”，成年人的社交场合往往离不开美酒，在欢乐的畅饮中，人们的关系自然会随着酒杯碰酒杯而越来越亲近，话语交流也多起来。于是越喝越亲密，越说越欢乐。把握好酒桌上的社交技巧，就可以在热烈欢饮的气氛中，灵活运用语言进行交流，在推杯换盏之际，得到上司、长辈、同事等人的认可。

那么，如何在这种场合把话说得很得体呢？需要你把握以下六个小要点。

1. 不私语，人人参与

在酒宴上，不要只和某一位宾客窃窃私语，尤其忌讳两个人贴耳私语，因为酒宴是一个社交场合，其他宾客也希望融入其中并进行互动。当你与某人贴耳私语时，其他宾客可能会感到被排斥或冷落。而且私下交谈会让围桌而坐的宾客们分成小团体，打破整体融洽的交流氛围。这样会导致酒宴失去活力和互动的魅力，使人们感觉不舒服和无趣。

另外，酒宴是交流和结识新朋友的机会。如果你只与某一位宾客窃窃私语，就可能错失与其他宾客建立联系的机会，无法扩大人际网络和获得更多的社交互动，那么辛苦张罗的酒宴，也就失去了意义。

特别是在职业场合的酒宴上，只与某一位宾客私语可能给人一种不公平和不专业的印象。其他人可能会认为你对他们的参与和交流不感兴趣，从而影响你的职业形象和人际关系。

因此，在酒宴上，我们应该尽量与所有宾客进行平等、尊重和开放的交流，保持友好和互动的氛围，共同享受愉快的社交体验。

2. 语言幽默而得体

在酒桌上，大家欢乐畅饮，相互熟悉了之后，不免开些无伤大雅的玩笑，这时候就显示出个人的品位、素养及交际风范了。一句幽默而得体的玩笑，会给他人留下很深的印象，并获得他人的好感。反之，如果玩笑开过头，就会造成尴尬的局面。这就要求你把握好开玩笑的度。切记不能拿他人的缺陷开玩笑，但可以适度拿自己“开涮”，还可以拿大家都熟悉的公众人物当作玩笑的对象。

3. 适度劝酒

在一起喝酒聊天，固然可以增进感情，但应该注意适度劝酒。有些人可能喜欢喝酒，而有些人可能对酒精比较敏感或者出于健康、宗教或文化方面的考虑选择不喝酒。

在这种情况下，我们应该尊重每个人的选择和习惯。如果有人明确表达不愿意喝酒或已经达到饮酒的极限，请不要勉强他们。过度劝酒导致对方过量喝酒，可能引起身体不适、尴尬，甚至破坏整体气氛，这违背了酒宴欢聚的初衷。

当我们在陪伴不善饮酒的人时，可以提供其他非酒精类饮品作为替代选择，或者参与其他形式的聊天和互动活动以保持愉快的氛围。这样可以满足每个人的需求，并让大家都能够共享酒宴带来的快乐和交流。

4. 注意遵从酒桌礼节

中国的酒文化历史悠久，遵从酒桌礼节就是在酒桌上，按照年龄大小、职位高低、宾客身份等顺序敬酒。如果和不熟悉的人一起喝酒，应该先了解清楚各人的情况，或者观察他人是怎么敬酒的，避免做出不合礼节的举动。

比如，席间有你的领导，你自然应该向他敬酒，但是，你还必须留心，如果席间还有比他身份更高或更年长者，那你应该先敬他们，再依序敬酒，避免造成尴尬。

5. 别只顾喝酒，忘了自己的目的

一般人们参加宴会都有自己的目的，或者有一定的需求，或者想要扩大交际圈，或者想要寻求合作。在宴会上人们往往会被社交和享乐的氛围所吸引，容易忽略自己参加宴会的目的。在宴会中保持清醒和目标导向是很重要的。

在宴会前，先明确自己的目标和参加宴会的原因，根据自己的目的有意

识地与相关人士交流。借助推杯换盏的机会，了解对方的背景、需求和兴趣，可以更有针对性地寻找合作机会或与特定人建立联系。

尽管酒宴上通常会有美酒佳肴，但过度饮酒可能会影响我们的判断力和目标导向，因此，适度地享受酒水，控制饮酒量，以便保持清醒和专注，达成参与宴会的目的。

6. 话得绕“三圈”

在酒宴上，很多人都有个不好的习惯——爱说他人的是非。是非之言常常滋生负面情绪、破坏人际关系，并造成不必要的纷争。尽管酒宴上免不了谈论他人，但对于那些已经到了嘴边的话，一定得让它再绕上“三圈”，一旦说错了话，不但会让整个宴会陷入冷场，还会惹来不少麻烦。

第 6 节

在不同场合，把祝酒词说到人心窝里

祝酒词是在宴会开始前，或敬酒时向他人表达挚诚敬祝的话语。祝酒词与开幕词相仿，但更简明、扼要，且讲究篇幅简短、语言口语化、态度热情，最后有举杯祝愿内容。

1. 向领导敬酒

在职场中，领导决定了你的前途，你在工作中取得的成绩，离不开领导提供的平台。在宴会这种场合中，作为下级，应该主动感谢领导的培养和厚爱，一方面表明自己知道感恩，另外一方面让领导有面子，他也会痛快地喝下你敬的酒。

- 非常感谢领导在百忙之中抽出时间来这儿小聚，在您的培养下，我们收获很大，学到了不少东西，为了感谢领导平时的培养和帮助，这杯酒我先干为敬，祝领导您步步高升、心想事成。
- 今天，非常荣幸地请到了×××领导，我提议，大家敬×××领导一杯！敬领导主要有两个想法：第一，和您相处的时间很长了，一直想好好喝一杯、叙叙旧，这不但是我的心愿，也是在座各位的愿望；第二，这几年来，无论是在工作上还是在生活上，您对我们都有很多的照顾，带领大家取得了很大的进步。今天正好借这个机会，端起酒杯，对您表示感谢！希望您身体健康、阖家欢乐！我提议，大家一起举杯！我干了，您注意身体健康，随意就好。
- 今天很荣幸能和领导一起吃饭，我敬领导一杯，希望领导工作顺利，身体健康，以后的日子，请您多多提携！
- 平时工作中没少给您添麻烦，感谢您的教导，我会谨记您的教诲，认真工作。我敬您一杯，您随意就好。
- 很荣幸参加这次的聚餐，在这里，我特别想感谢一下我的领导（老板），感谢×总平日里对我的照顾和指导，特别是在××事情上的帮助。这杯酒我先敬您，您随意就好！

2. 向同事敬酒

顺利工作少不了同事的密切配合，同事之间相处融洽、配合默契，让我们在日常工作中如鱼得水，不仅工作顺利，而且心情畅快。聚会时，正好可以向同事表达我们心中的感情，所以向同事敬酒很有必要。

- 各位同事，时间飞逝，一转眼咱们共事已经好几年了。无论是工作，还是生活中，大家对我照顾有加。我一直想找个机会感谢一下大家，今天大家能来参加饭局，我非常开心，借此机会敬大家一杯，祝大家工作顺顺利利，家庭和和睦睦，心情痛痛快快！感谢大家捧场，我先干为敬！

- 走到一起就是缘，能和在座各位共事一场，是我莫大的荣幸。从各位同事身上我看到了很多、听到了很多、学到了很多。话不多说，一切尽在酒杯中！
- 感谢大家平日里对我的指点和帮助，也很感恩各位对我的宽容、包涵，我干了，各位随意！

3. 向老朋友敬酒

朋友聚会不仅可以联络感情，更可以交换信息、资源，聚会时免不了喝上几杯。老朋友之间自然没有太多讲究，祝酒词以真诚、畅快、欢乐为主。

- 老乡见老乡，喝酒要喝光；老乡见老乡，喝酒要喝双；老乡见老乡，敬酒要敬双。
- 喝酒吃菜，青春常在；吃菜喝酒，越吃越有；多吃菜，多喝酒，幸福才能跟着走。
- 一杯情，二杯意，三杯才是好兄弟。一杯干，二杯敬，三杯喝出真感情。
- 只要感情有，喝什么都是酒。感情是什么？感情是理解。理解万岁！
- 只要感情深，一口也是真。酒可以少喝，但饭一定要吃饱，你们随意，我干了。

4. 向长辈敬酒

家庭聚会总少不了向在座的长辈敬酒，向长辈敬酒时要注意分寸，说话不要油腔滑调，也不能乱开玩笑，要沉稳、诚恳。祝酒词以祝福、感恩为主，也可敞开心扉，表达自己对长辈的感情。

- 谢谢您这么多年来对我的照顾，我祝您身体健康，长命百岁。
- 尊敬的××，我祝您福如东海长流水、寿比南山不老松，永远健康快乐幸福！我干了，您随意！
- 夕阳无限好，老人是块宝。喝杯长寿酒，愿您身体好。
- 晚上好！新春共饮团圆酒，家家幸福贺新年。在今天这个辞旧迎新的日子里，我谨代表晚辈们，对在座的各位长辈说出我们的感谢和祝福。
- 乐享遐龄，寿比南山不老松，生逢盛世，福如东海长流水。

5. 向客户敬酒

客户与我们利益相关，是我们希望能够保持长期联络、合作的对象。与客户喝酒讲究情到、意到。对于已经成交过的老客户，我们要表达真挚的感恩；对于还未成交的潜在客户，要联络感情，突出自身优势，拉近彼此的关系。

- 敬您一杯，感谢您对我们公司的信任与支持，祝我们的合作越来越顺利。
- 为了我们的合作愉快，我敬您一杯，这杯我干了，您随意！
- 非常感谢您的指导与建议，这次合作能成功，多亏了×总在百忙之中抽出时间商谈。我敬您一杯，祝您事业长久，步步高升。我干了，您随意就好。
- 敬您一杯，祝我们在未来的合作中越来越顺，越走越远，也祝×总的公司更上一层楼。
- 太谢谢您赏脸过来了，以后还请×总多多关照。
- 非常感谢您对我们公司的照顾和帮助，祝我们的合作越来越红火！

6. 向陌生人敬酒

酒桌上难免有不认识或者不熟悉的人，这时，美酒就可以发挥很好的纽带作用。互相敬酒，一来二去，大家从不熟悉到熟悉，从陌生到相识。正所谓朋友多了路好走，学会给陌生人敬酒，可以拓宽我们的人脉，让我们结识更多朋友。

- 很高兴认识您，第一次和您喝酒，以后多多关照，我先干为敬，您随意就好。
- 您好啊，幸会，我是 ×××，主要负责××工作，以后有什么能帮上忙的随时叫我。来，我敬您一杯。
- 第一次见到您，幸会呀，希望以后能常聚，一起喝一杯。
- 您是？啊，原来是您啊，早就久仰大名了，今天总算见上了，那必须得喝一杯了。
- 第一次和您喝酒，我先干为敬，希望以后多加关照，您随意就好。

第二章
掌握识人、读心的能力

第1节

观察面部表情，洞察对方情绪

在心理学中，人们察觉他人情感的能力被称为“情绪认知”或“情绪感知”能力。我们运用这种能力，对他人面部表情、语言语调、肢体语言和其他非言语信号进行辨认，从而推断出他人的情绪和情感状态。情绪认知能力对于建立健康的人际关系、有效沟通以及社交互动非常重要。

一些人天生具有较高的情绪认知能力，能够准确地捕捉和理解他人的情感状态。而有些人可能对情感信息相对不敏感，需要更多训练和意识来提高自己的情绪认知能力。

情绪认知通常从面部表情开始。表情是情绪表达的重要途径之一，不同的情绪会导致不同的面部表情。情绪认知能力高的人可以准确地辨识出喜悦、愤怒、悲伤等基本情绪。事实上，观察一个人下意识的表情，不仅能够知道他此时此刻的情绪，还能够知道他即将产生的情绪，这是因为，肌肉的反应比思维的反应更快。知道这一点，你就可以在对方尚未感觉到他的感情之前先他一步做出应对措施。接下来，我们分别说一说五官隐藏的情绪。

1. 眼睛

眼睛是表达情感的重要部分，微小的变化可以透露出对方内心的情感状态。

· 扩张的瞳孔：通常代表兴奋、兴趣、好奇和吸引。

· 收缩的瞳孔：可能表明紧张、恐惧、厌恶或心理压力。

· 避免眼神接触：可能表明不自信、紧张、不舒服或不喜欢当前的情境。

· 深情注视：通常表示情感的投入、亲密感和诚实。

· 眼角的笑纹：通常伴随着真诚的笑容，它可以传达出对方的喜悦和幸福感。

· 没有眼角笑纹：缺乏眼角笑纹可能暗示假笑、不真实的情感或隐藏的不满。

2. 眉毛

眉毛也是面部表情中极为重要的组成部分，它能够传递出对方内心的情绪和心理状态。

· 眉毛向上挑起：可能表示兴趣、好奇、惊讶或赞同。

· 眉毛向下耷拉：可能表示不满、厌恶、疑惑、烦恼或不同意。

· 眉头紧皱：通常表示愤怒、不悦、焦虑、紧张或担忧。

· 眉头放松：可能表示放松、舒适、安心或满意。

3. 鼻子

鼻子虽然在面部表情中的作用相对较小，但它的一些微表情也可以传达出一些心理意义。

· 鼻孔扩张：通常表示紧张、焦虑、恐惧或生气。

· 鼻孔收缩：可能表示放松、舒适、满意或兴奋。

· 鼻子皱纹：当收缩鼻子，出现皱纹时，可能表示困惑、不满、疑惑、嫉妒或厌烦。

4. 嘴巴

嘴巴是面部表情中最具表达力的部分之一，也非常便于观察。它可以通过微小的变化传达出丰富的心理意义。

· 嘴角上扬：通常表示快乐、高兴、满足、幽默或喜悦，但有时也代表嘲讽、不屑。

· 嘴角下弯：可能表示不满、悲伤、厌烦、痛苦或愤怒。

· 嘴唇紧抿：可能表示紧张、不满、焦虑、担心或不信任。

· 嘴唇放松：通常表示放松、舒适、满意或自信。

· 嘴唇张开：可能表示惊讶、喜悦、震惊或愕然，也可能是舒服、轻松的表现。

· 嘴唇紧闭：可能表示专注、紧张、希望保持沉默或不满。

· 嘴唇的颤动和颤抖可能表示紧张、不安、恐惧、焦虑或愤怒。

5. 耳朵

耳朵并不能直接传达情绪和心理，因此最容易被忽视，然而，耳朵可以通过一些姿态和动作间接地反映出一些情感和意义。

· 耳朵向前倾听：很多人在认真倾听，或者注意力高度集中时，耳朵会向额头的方向移动。

· 耳朵发红：当耳朵发红时，可能表示尴尬、羞愧、烦恼或兴奋。

· 耳朵的抓挠或摩挲：当对方不停地抓挠或摩挲耳朵时，可能表示他正处于焦虑、紧张、困惑或不满中。

需要注意的是，面部表情的解读需要结合身体语言和谈话前后的内容来进行，不能仅凭单一的面部表情就得出结论，因为情绪和意图往往是复杂的，并且会受到个人经历、文化背景和其他外部因素的影响。

第 2 节

观察肢体语言，分析对方心理

观察肢体语言是洞察对方心理的另一个重要方面。肢体语言是指通过对方的姿势、动作和身体的表现来获取信息和感知对方的情绪、意图和状态。肢体语言包括身体姿势、手势、身体的方向和位置、动作的速度和幅度等。通过观察对方的肢体语言，我们可以获得一些线索，来了解人们的内心想法和情感。

1. 身体姿势和姿态

直立的身体姿势：直立的姿势通常展示出自信和开放的态度。当一个人保持笔直的姿势，肩膀放松且挺直，胸部向前，整个身体保持平衡时，这显示出他们对自身的自信和乐观，也表明他们愿意与周围的人交流。

弯曲的身体姿势：与直立姿势相反，当一个人扭曲身体，肩膀僵硬，收缩躯干，可能显示出紧张、不安或缺乏自信。这种姿势可能表明对当前情境或与他人的交互感到不适或有压力。

放松的姿势：放松的姿势可以表明一个人的舒适和愉悦。例如，当一个人坐下时，双腿交叉或平躺，手臂放松在身体两侧，也许表示他们感到轻松，或者对周围的环境感到舒适和安全。

紧张的姿势：紧绷的肌肉和僵硬的姿势往往暗示着紧张、焦虑或疲劳。例如，当一个人不自觉地攥紧拳头、咬紧牙关或者脸部表情紧张时，这可能意味着他们处于有压力或不舒服的状态中。

2. 手势

手势在交流中扮演着重要的角色，它们可以提供关于人们情感和内心想法的线索。下面是一些常见的手势以及它们可能传达的含义。

挥动手臂：挥动手臂通常表示激动、兴奋或者强调。当一个人在交谈或者表达观点时频繁挥动手臂，可能表示他们对所说的内容感到激动或者对某些事情充满热情。

双手在胸前交叉：当一个人将手交叉放在胸前，这往往表示防御、抵抗或者不满。这种手势可能表明对当前的话题或情境持怀疑、不认同的态度。

手握拳头：握紧的拳头通常表示紧张、愤怒或者不安。这种手势可能暗示他们正处于一种紧张、焦虑或者具有攻击性的情绪状态中。

手指放松：放松的手指传达出一种舒适和平静的状态。当手指松弛，手掌自然打开时，这可能表示一个人感到放松、自在或者有信任感。

快速摆手：当一个人迅速摆动或者竖起手掌，示意他人停下或者不要继续做某事。这个手势用于表达阻止或者不赞同的意思。

3. 身体方向

当一个人的身体朝向你时，表明他们对你或者你的话题感兴趣，并希望主动参与。他们可能会与你保持眼神接触、面对面交流，这表示他们愿意倾听和与你进行互动。相反，当一个人的身体背对你，或者稍微转向一边，这可能表明他们对你或当前话题不太感兴趣。

此外，还有一些其他身体方向和位置的线索，可以揭示一个人的态度和情感。

前倾：身体前倾通常表示关注、兴奋或者好奇。当一个人向前倾身，可能表示他们对当前的话题或者情境感兴趣，想要更近距离地了解或参与其中。

后倾：身体后倾通常表示疏离、不舒服或者不满。当一个人向后倾身，可能意味着他们对当前的话题或者情境感到厌烦、不适或者不满意。

4. 动作的节奏

快速且大幅度的动作通常与激动、兴奋或者不耐烦的情绪相关。当一个人感到兴奋或者激动时，他们的动作可能会加快并变得更有力，可能手臂和身体会做出幅度较大的动作。类似地，当一个人感到不耐烦时，他们可能会表现出焦躁和不耐烦的动作，如快速摆动腿或者来回走动。相反，缓慢而小幅度的动作通常与放松、冷静或者无聊相关。当一个人感到放松或者冷静时，他们的动作可能会变得缓慢而优雅，具体表现为舒缓的动作，以及手臂和身体活动的减少。而当一个人感到无聊时，他们的动作可能会变得迟缓和不经意。

除了以上这些肢体语言，还有很多不经意的小动作也会向我们传达对方的心情。小动作可以是微小而细微的肢体语言信号，它们也可以揭示一个人的情绪状态。以下是一些常见的小动作及其可能表达的情绪。

手指敲打或者指节弹动：当一个人不安、焦虑或者烦躁时，他们可能会不自觉地用手指敲打身边的物品或者来回弹动手指。

摸下巴或者托腮：当一个人以手支撑下巴或者托住腮部时，可能表示他在思考，或者他的内心充满疑虑和犹豫，或者对目前的谈话内容感到疑惑。

手或者脚的轻微颤动：当一个人感到紧张、恐惧或者害怕时，他们的手或者脚可能会出现轻微的颤动。这个小动作暗示了他们的情绪不稳定或者紧张。

小幅度的头部抖动：当一个人感到紧张、焦虑或者不安时，他们的头部可能会出现轻微的抖动。

轻吸或者咬唇：当一个人感到紧张、焦虑或者不安时，他们可能会轻轻吸吮嘴唇或者咬住嘴唇，以此安抚自己的内心。

第 3 节

读懂口头禅，了解对方性格

口头禅是一个人在说话时经常反复使用的短语、词语或表达方式，在某种程度上反映了一个人的个性、思维模式和情感状态。虽然口头禅不能完全反映一个人的性格，但它们不失为一些明显且有力的线索，帮助我们更好地理解对方的性格特点。例如，有些人可能会频繁地使用肯定的词语，表现出合作、随和和乐于接受他人观点的性格特点；而有的人则更倾向于使用中立的表达方式，显示出他们的灵活性、包容性和不偏好争议的性格特点；还有一些人可能更爱使用含有个人观点的短语，表现出自信、独立思考和表达自己观点的能力；另外，一些人可能经常道歉或表示谦虚，显示出他们的谨慎、敏感和关注他人感受的性格特点。

1. 爱说“嗯”“好的”“好吧”等肯定词语的人

一个人在做回答时经常使用这样的肯定词语，可能意味着他们是一个乐于合作、随和和容易满足的人。他们可能倾向于顺从他人的想法和意见，并很少提出反对或批评。他们倾向于用肯定的方式回答，表达合作态度和接受他人观点的意愿，因此通常能够轻松地适应团队工作，愿意听取他人的建议和意见，并做出妥协以达成共识。此外，这类人可能具有较高的社交能力，善于与不同类型的人相处。他们通常能够在人际交往中保持和谐，避免冲突并与他人建立积极的互动。

然而，需要注意的是，这种性格特点有时也可能导致个人自我表达不足，过分迎合他人的期望或意见。在一些情况下，他们可能不太愿意发表自己的意见或反对他人的看法，过度追求和谐而牺牲个人的观点和需求，成为所谓的“讨好型人格”。

2. 喜欢使用“无所谓”“随便”“都可以”等中立表达的人

一些人在面对选择或决策时常常使用这样的中性表达，可能意味着他们是一个灵活、包容和不偏好争议的人。他们可能对很多事情持中立态度，不愿意陷入争论或冲突。这种性格特点通常意味着这些人具有较高的灵活性和适应能力，能够轻松接受不同的观点和意见，愿意在不同选择之间做出妥协或适应。他们对事物持开放的态度，愿意尝试新的方式或探索新的想法。

但是这种人也容易优柔寡断或者随波逐流，让人觉得在关键大事上不堪重负。因此，在面对关键的问题或需要拿主意时，要肯定地表达自己的想法，不要一切“无所谓”。

3. 喜欢使用“我觉得”“我认为”等包含个人观点的短语

一个人在表达意见或想法时频繁使用这样的短语，可能意味着他们是一个思考严谨、自信和愿意分享个人观点的人。他们可能重视自己的独立思考和自主性，喜欢在交流中更多地表达自己的看法。这种性格特点意味着这些人注重独立思考和自主性。他们可能会花时间仔细思考事物，形成自己独特的观点，并愿意在交流中表达这些观点。他们对自己的判断有信心，并愿意与他人分享自己的思考和见解。

这种人善于表达和沟通，并具有较强的表达能力。他们通常能够清晰地阐述自己的观点，并使用适当的论证和解释来支持自己的立场。他们可能会积极参与讨论，并为团队或群体的思考和决策提供有价值的意见和建议。

需要注意的是，在交流时过度强调个人观点，有时可能会忽视他人的观点和感受，从而陷入争吵。要想改变，不妨保持开放的态度，尊重他人的观点，并多听听不同的意见。

4. 经常说“对不起”“抱歉”“请原谅”等表示歉意的词语的人

一些人倾向于在交流中使用这种表示歉意或谦虚的表达方式，可能意味着他们是一个谨慎、敏感和富有同理心的人。他们可能更关注维护与他人的和谐关系，避免冲突和造成他人不适。发生矛盾时，他们更倾向于主动承认错误或过失，以避免冲突，减轻他人的不适或恢复与他人之间的和谐关系。这些人性格敏感而富有同理心。他们理解自己的行为可能会对他人产生的影响，并愿意为此负责。他们可能善于倾听他人的感受和需求，并努力做出相应的调整。

然而，需要注意的是，在一些情况下，过分频繁地使用道歉或谦虚的表达可能导致个人的自信心受损，过度担心他人的评价，并产生不必要的内疚感。因此，这种类型的人需要学会在适当的时候，坚持自己的立场和辩护自己的观点。

5. 经常说“我会试试看”“我会尽力而为”的人

这种口头禅表明这种人是积极主动、勇于尝试和解决问题的人，他们愿意接受挑战并尽力克服困难，通常富有冒险精神，愿意探索新领域和尝试新事物，对于遇到的问题和困难并不畏惧，会全力以赴找到解决办法。

这种积极主动的态度和乐观的心态使他们能够保持动力和目标导向性，克服障碍并取得进展。他们通常更容易吸收新知识，适应变化，并持续提升自己。

不过这种积极主动的性格特点也需要适度的平衡。有时候，过于追求成功和解决问题可能会导致压力和过度劳累。

第 4 节

通过饭桌上的动作，看透对方性格

饭桌上的行为与人的性格有着紧密的关系。吃饭时，人们通常比较放松，而面对食物，特别是自己喜欢的食物，容易暴露一些饮食习惯和生活细节，因此，在饭桌上展示的行为方式和态度，往往能够反映出人们的言行习惯和性格特点。在饭桌上，我们可以观察到一个人是否具有良好的社交能力和合作精神，是否关心他人，是否具备细致入微的观察力，是否自私或是否体贴他人，等等。当然，饭桌上的行为只是习惯和性格的一部分，不足以全面了解一个人，而其他方面的观察和交流也同样重要。但无疑，饭桌行为为我们提供了一个窥探一个人性格的窗口，给我们带来一些关于他们性格和行为习惯的线索。

1. 乐于分享食物与合作点菜

一个乐于分享和合作的人通常会在饭桌上主动与他人分享食物、提供酒水等。他们通常会主动与他人进行交流，并注重与他人的互动和合作。在点菜时，他们可能会与他人共同选择菜品，尊重他人的意见，并喜欢与他人一起分享和创造美好的用餐体验。

2. 注重餐桌礼仪和细节

注重餐桌礼仪和细节的人会正确使用餐具，注意餐具的摆放和用餐过程中的细节。他们有可能会关注自己，以及周围人的用餐行为，并将此作为对他人的评价标准之一。因此，当我们发现与这样的人共同就餐时，可以多留一个心眼，注意自己的餐桌礼仪，以便给对方留下好印象。

3. 关注食物的新鲜度、营养价值或口味

一个有机食品的爱好者可能会选择健康、有机的食物，并关注食物的来源和营养价值。通常来说，这样的人有一定的知识素养，对自己要求比较严格，且比较关注细节。而另一个喜欢尝试新鲜食物和不同口味的人，则可能更富冒险精神，喜欢挑战新鲜事物，一般来说这样的人比较适合做朋友，他们会给你带来很多新奇的体验。

除了以上几点，还有一些不良用餐习惯，也可以从某个侧面反映性格上的问题。

4. 不断用筷子翻菜

在正式的餐桌礼仪中，翻菜被认为是不礼貌的行为。这是因为翻菜可能会干扰其他人用餐，破坏餐桌的整洁和秩序，还可能导致食物交叉污染，增加细菌和病毒传播的风险。在一些文化中，翻菜也被视为对主厨或厨师技艺的不尊重。而爱翻菜的人，可能性格有点挑剔，相对于他人，更重视个人的选择和感受。

5. 嘴里含满食物，或在碗里堆放很多食物

嘴里含满食物或在碗里堆放很多食物可能是一种不良的餐桌习惯，它可能反映出个人的不良饮食习惯或者缺乏对他人的关注和尊重。嘴里含满食物可能会导致说话不清楚、咀嚼困难或食物溢出，这可能会让他人感到不舒服或不愉快；堆放过多的食物在碗里可能会导致食物的浪费，并给他人的用餐带来不便。有这种不良餐桌习惯的人，可能面对自己喜欢的事物时有点儿贪心，或者

内心在某方面比较匮乏、缺乏安全感。

6. 对服务员或他人不礼貌

对服务员或他人不礼貌的行为是不良的餐桌习惯，它不仅反映出个人缺乏基本的尊重和礼貌，还会给周围的人带来不愉快的用餐体验。

对待服务员的态度应该友好和尊重，因为他们为就餐者提供了服务，即使遇到问题或不满意的事情，也可以用礼貌的方式向服务员表达自己的需求或意见。而对其他用餐者的尊重也是很重要的。避免大声喧哗、争吵或打断他人的谈话。保持和谐的用餐氛围和尊重他人的用餐空间是每个人的责任。存在这种不良习惯的人，可能性格比较粗鲁，不在意他人的感受，或者有些以自我为中心。

保持良好的就餐礼仪是建立和谐用餐环境和良好社交关系的重要一环，也是凸显我们良好的性格、教养和习惯的关键一环。保持良好的就餐礼仪不仅有助于建立和谐的用餐环境和良好的社交关系，还可以展现我们良好的性格、教养和习惯，它是一种表达我们尊重他人、自律和自我约束的方式。

同时，保持良好的就餐礼仪还可以成为我们与他人建立良好社交关系的桥梁。在商务场合或社交聚会上，展现出良好的就餐礼仪，会给他人留下积极的印象，显示出我们的专业素养和可信度。这有助于建立良好的人际关系，增进互相的信任和合作。

此外，遵守良好的就餐礼仪还能在某种程度上体现我们的个人品位和文化素养。不同的国家和地区拥有各自独特的餐桌礼仪，俗话说“入乡随俗”，遵循当地的礼仪规范可以展示我们对该文化的尊重和包容心态。就餐礼仪因国家、民族和文化不同而繁杂多样，以下是一些通用的，保持基本就餐礼仪的建议。

（1）坐姿和姿态：坐直，脚放在地上或交叉，不要摇晃或晃动椅子，保持端庄的姿态；用餐时要保持上半身挺直，不要低头吃饭或弯腰。

（2）端碗，或用手扶住碗：在进食时，如果碗比较小或者比较烫，可以轻轻托住碗底，或扶住碗沿，使碗更稳定，避免碗滑动而将食物撒出来；同时，这个动作也是为了表达对食物的敬重。

（3）使用餐具：使用餐具时应掌握正确的用法，如使用公筷，以及不用筷子指人或插入食物；使用刀切割食物，用叉叉取食物，不要把刀当成叉来使用。

（4）细嚼慢咽：尽量细嚼慢咽，不要张大嘴巴吃东西或发出响声。

（5）注意用语和言谈：在用餐中尽量避免说话太大声，注意避免嘴里有食物时说话。

（6）注意桌上物品：避免乱摆放物品，不要随意移动他人的餐具或餐盘。

第5节

看准对方的性格，才能投其所好

人各有其情，各有其性。有的人喜欢听奉承话，给他戴上几顶高帽，他就会使出浑身力气帮你办事；有的人则不然，你一给他戴高帽，反而引起了他的警惕，以为你是不怀好意。有的人刚愎自用，你用激将法，才能使他把事办好；有的人脾气暴躁，讨厌喋喋不休的长篇说理，求他办事，说话就不宜拐弯抹角。

但是，对待那种十分傲气的人，如果他将面子看得很重而讲究分寸，你不妨从正面恭维入手，让他飘飘然，会因为虚荣而顺从你的意图。这种类型的人只要你说他长得高，他便会踮起脚给你看。

在三国时期，诸葛亮对关羽便采取此法。马超归顺刘备之后，关羽提出要与马超比武。为了避免“二虎相斗，必有一伤”，诸葛亮给关羽写了一封信：我听说关将军想与马超比武。依我看来，马超虽然英勇过人，但只能与益德并驱争先，怎么能与你美髯公相提并论呢？再说将军担当镇守荆州的重任，如果因你离开造成损失，罪过该有多大啊！关羽看了信后，笑着说：“还是孔明知道我的心啊！”他将书信给宾客们传看，打消了入川比武的念头。

此外，激将在语言上也非常有讲究：既不能没有锋芒，不疼不痒；又不能太刻薄，使对方反感，产生对抗心理。总之，激将之言要辩证地把褒与贬、抑与扬有机地结合起来，这样才能达到激将的效果。

某橡胶厂（甲方）进口了一整套价值为200万元的现代化胶鞋生产设备，由于原料与技术力量达不到要求，搁置了四年无法使用。后来，新任厂长决定将这套生产设备转卖给另一家橡胶厂（乙方）。

正式谈判前，甲方了解到乙方两个重要情况：一是该厂经济实力雄厚，但基本上都投入了再生产，要马上腾挪200万元添置设备，非常困难；二是这位厂长年轻好胜，几乎在任何情况下都不甘示弱，甚至经常以拿破仑自诩。

对乙方有所了解后，甲方厂长决定亲自出马与对方进行谈判。

甲方厂长："昨天在贵厂转了一整天，详细了解了贵厂的生产情况。你们的管理水平确实令人信服。你年轻有为，能力非凡，真让我钦佩。"

乙方厂长："哪里哪里，老兄过奖了！我年轻无知，恳切希望得到老兄的指教！"

甲方厂长："我向来不会奉承人，实事求是嘛。贵厂今天办得好，我就说好；明天办得不好，我就会说不好。"

乙方厂长："老兄对我厂的设备印象如何？不是说打算把你们进口的那套现代化胶鞋生产设备卖给我们吗？"

甲方厂长："贵厂现有生产设备，在国内看是可以的，至少三五年内不会有什么大的问题。关于转卖设备之事，只有两个疑问：第一，不知贵厂是否有经济实力购买这样的设备；第二，即使有能力购买，贵厂也未必有能力招聘到管理、操作这套设备的技术力量。"

乙方厂长听到这些话后，从心理上感觉甲方厂长在轻视自己，十分不悦。于是，他用炫耀的口气向甲方厂长介绍了己厂的经济实力和技术力量，表明己厂有能力购进并操作管理这套价值200万元的设备。经过一番周旋，甲方巧妙地将闲置了四年的设备转卖给了乙方。

运用激将法一定要因人而异，千万不要不辨对象而通用"一个单子吃药"。一般来说，对那些争强好胜、有一定能力和魄力的人，效果比较明显；而对敏感多疑、办事谨小慎微的人，则很容易产生适得其反的效果，他们往往把劝说者的激将视为讽刺，从而感到愤怒。所以激将法的运用，必须是建立在了解对方的基础上，如果对对方一点都不了解，就盲目地去激将，往往不会取得理想的效果。

交谈好比一把钥匙，可以轻易地打开办事之门。人们的兴趣爱好往往牵连着头脑中的兴奋点。我们如果在交谈中根据不同人的性格、兴趣爱好，从不同的话题入手，常常可以比较容易地开启对方的心扉，步入对方的心灵深处，有效地激发对方情感的共鸣，顺利办成所求之事。

第 6 节

九型人格告诉你的秘密

根据每个人的思维、情绪、行为的特点，可以将人们大致分为九种类型，分别是完美者、给予者、实干者、浪漫者、理智者、忠诚者、活跃者、领袖者、和平者。这些不同的人格类型反映了人们在处理信息、感受情绪和展现行为时的差异。九型人格并无高低好坏之分，每种类型的人都有自己的独特之处，我们可以通过他们的内心去发现他们最真实、最根本的需求和渴望。那么，接下来就为大家详解这九种人格。

1. 黑白分明的完美者

完美主义者追求卓越和完美，注重细节，有强烈的责任感和秩序感。他们倾向于有条理、有计划地完成任务，并对自己和他人提出高标准。在完美者的眼中，人人都是同样平等的，无论你是什么人，错了就是错了，对了就是对了，没有任何理由。完美者对自己和他人永远以完美的标准去评判，虽然我们都知道，想要达到完美的标准几乎是不可能的，可是完美者却不愿意将就，他们会努力克服所有的困难达到完美。

2. 乐于奉献的给予者

给予者总是全身心地帮助他人，总是以自我牺牲的方式，给他人提供爱和友情，他们非常喜欢主动去关心、帮助他人，也正是因为这样，有些人会认为他们喜欢多管闲事。给予者的情绪往往会随着他们的喜怒哀乐而起伏变化，他们很感性、很热情，常常觉得他人能力有限、比较可怜或是不够勤奋，需要接受他们的帮助。给予者在服务的兴奋中常忘了自己的疲劳，他们不在乎为他人付出多少时间和精力，所以常常成为可靠的朋友和支持者。

3. 不遗余力的实干者

实干者注重实际行动和结果，善于解决问题和应对挑战。他们具有决断力和执行力，能够迅速采取行动，并寻求实际解决方案。实干者总是显得很紧迫，他们善于寻找自己的目标，而当他们找到目标后，便犹如狼一般迅速行动。在他们眼中，效率就是自己生存的体现，所以他们解决障碍的能力是他人所不能及的。而且正是由于实干者善于寻找目标，他们也很容易将自己的目标转移到他人身上，所以在他人看来，实干者又是一位喜欢和他人竞争的角色。

4. 相濡以沫的浪漫者

也许你没有看过《红楼梦》，但你一定知道林黛玉这个人物，她总是给人内向、敏感、心细又极具悟性的感觉，她的内心世界情感丰富，时常对生活充满幻想。而生活中的浪漫者就像是林黛玉一样，他们想去了解自己，但是又害怕了解自己，他们总是让人捉摸不透，也许他们自己都不知道做事的目的是什么。他们喜欢用幻想来丰富自己的情绪，并且乐在其中。浪漫主义者倾向于富有想象力和创造力，注重情感表达和美感体验。他们可能对艺术、文学、音乐等领域有着浓厚的兴趣，并倾向于追求浪漫和独特的体验。

5. 泰然自若的理智者

理智者注重逻辑和理性思考，喜欢深入分析和解决问题。他们通常冷静客观，以事实和证据为基础做出决策，对待事物较为理性和实事求是，通常用理性思维代替内心的情感。正因为他们不关注自己的内心感受，所以也不太喜欢向他人倾诉。他们喜欢独立的空间，因为这样会让他们的大脑在寂静之中高速运转。理智者对自己所感兴趣的事物总是表现得如饥似渴，只要能研究透彻并和他人有深度的交流，就会觉得自己的精神和思想有所增益。

6. 赤诚相待的忠诚者

忠诚者非常重视人际关系和团队合作。他们以忠诚和可靠闻名，深知团队合作的重要性，并致力于维护良好的工作关系。他们经常成为团队中的坚实支柱，通过真诚的支持和帮助来提高整个团队的效率和凝聚力。忠诚者通常表现出对团队成员的关心和尊重，他们愿意倾听他人的想法和意见，并提供自己的支持和建议。

忠诚者善于倾听并能展示出真正关心他人的特质，这使他们能够建立起互信和深厚的关系。他们通常能够在一个团队中充当调和者，并帮助不同个体在共同目标下形成一体。

7. 生龙活虎的活跃者

活跃者充满活力和热情，喜欢与人互动和参与各种活动。他们善于激励他人，富有幽默感，常常成为社交场合中的焦点。活跃者总是表现得生龙活虎，他们的生活中似乎没有危机，他们觉得生活中没有什么问题是不能解决的，要学会享受生活。活跃者的热情和能量也对周围的人产生积极的影响。他们善于激励他人，通过鼓励和支持来激发他人的潜能。他们经常以自己的积极态度和乐观精神鼓舞他人，帮助他人克服困难，并推动整个团队朝着共同的目标前进。

8. 运筹帷幄的领袖者

领袖者就像一个指挥官，指挥着千军万马走向胜利。而且，他们永远是第一个去面对困难的人，总是英勇无畏地冲在前面。如果有人阻碍他们的前行，就会不顾一切代价去铲除他人，直至走向成功。领导者具备领导才能和魅力，善于激发团队的潜力，并引领他们朝着共同目标前进。他们具有影响力和决策能力，能够在复杂的情况下做出明智的决策。他们有极强的控制欲，想要将所有的事情都掌握在自己的手中，但往往不注重细节。

9. 平心静气的和平者

和平者态度温和，注重他人的感受，遇事不着急，认为“船到桥头自然直”，不需要着急。和平者追求和谐与平衡，能够在冲突和紧张的情况下保持冷静和稳定。他们善于协调和调解，倾向于寻求一致和和解的解决方案。他们喜欢大自然中的宁静，大多没有野心，目的性不太明确，在与人交往的时候可以迁就他人。但是，他们也是有思想的，当他人触犯到他们底线的时候，也会对人发怒。

第三章
打动人心的沟通艺术

第 1 节

一开口就打动人心

俗话说："万事开头难。"一本书，开头是最难写的，一句话，开头也是最难说的。假如你一开始就让听众失去了注意力，那么后面的聊天，即使费九牛二虎之力，也很难挽回颓势。因此，一段精彩的开场白是非常重要的，它不仅可以引起对方对你的重视，更重要的是能引起对方对接下来的谈话内容的强烈兴趣。从某种意义上说，一段吸引人的开场白，就已经使一次愉快的聊天成功了一半。

有一位销售员，经常走街串巷推销电器。这一天，他来到一户农舍前敲门。户主是个上了年纪的老婆婆，她只将门打开看了一眼，就"砰"的一声关上了。销售员毫不退缩，鼓起勇气继续敲门。过了半天，老婆婆才又将门打开，而且还没等对方说话，她就破口大骂起来。

销售员一看形势不对，就急忙说出早已想好的开场白："太太，我看您是误会了，我来拜访您并不是来销售东西的，我只是想向您买一些鸡蛋。"

听完销售员的话，老婆婆的态度稍微有些缓和，门也开大了一点儿。销售员接着说道："我听说您家的鸡与众不同，它们的羽毛长得真漂亮。这些鸡是多明尼克种鸡吗？"这时，这位婆婆打开大门，诧异地问销售员："你怎么知道这是多明尼克种鸡？"

销售员知道自己的目标已经达成，便乘胜追击："我家在乡下，也养了很多鸡，可我家养的鸡跟您的没法比。我家饲养的来亨鸡，只会生白蛋。太太，您应该是有经验的，做蛋糕用红色的鸡蛋比白色的鸡蛋要好一些。我太太今天要做蛋糕，所以我跑到您这儿来了。"

老婆婆这会儿已经彻底卸下了心理防线，非常高兴，而销售员离成交也不远了。

"酒逢知己千杯少，话不投机半句多。"跟陌生人交谈是人际交往的一大难关，处理得当，可以让你轻松摆脱窘境；处理不好，则可能使你的形象迅速滑坡。所以，在跟陌生人聊天前，不妨根据自己的目的和对方的需求，对开场白进行一番精心设计，为后来的良好沟通奠定扎实的基础。下面是一些根据生活中常见的场景设计的人际交往开场白。

1. 社交活动场景

- 在聚会上："嘿！我是新来的，我叫××。你觉得这个派对怎么样？有什么有趣的事情发生了吗？"
- 朋友介绍了新朋友给："嘿，我听××（朋友）说你是一个厨艺高手！你最近有做过什么美味的菜肴吗？我一直想学习一些新的烹饪技巧。"

2. 职场场景

- 在会议结束后：“你好！我注意到你对这个议题有很深入的了解。你有什么观点和见解可以分享吗？”
- 在新员工介绍会上：“嘿！我是新入职的，你在这里工作多久了？你对这个公司有什么印象？”

3. 兴趣爱好场景

- 在健身房：“你好！我看你训练得很专注，动作也很标准。你有什么秘诀或者训练建议可以分享吗？”
- 在艺术展览：“嘿！你对这个艺术家或者展览有什么了解？我对他们的作品很感兴趣，但是不太熟悉。”

4. 旅行场景

- 在路上：“我们参加了同一个旅行团，真算是有缘呢！等会儿你打算去哪里玩？”
- 在旅游景点：“你好，能不能请你帮我拍张照？你看，我一个人来的，在这么美的景色面前不能拍上一张好照片可真是遗憾啊！”

5. 咖啡厅场景

- 等待咖啡时：“你经常来这家咖啡厅吗？我一直听说这里的咖啡很棒，你有什么推荐的咖啡或者甜点吗？”
- 坐下喝咖啡时：“嘿！我看你在喝拿铁，我知道××路上有一家咖啡馆的拿铁非常美味……”

开场白是一种有效的方式，通过友好的问候和问题，引起对方的兴趣并开始有意义的交流。你可以看到，在这些场景中，开场白总是表达我们对对方的兴趣，围绕着对方展开的。使用这样的开场白，对方会觉得得到了关注和尊重，也可以激发对方的好奇心，探索你们之间的共同点，发现共同的兴趣和体验，并为进一步深入的讨论铺平道路。只有当你展示出对他人的兴趣，并与他们共享经验和见解时，才能够建立起真正的人际关系。用心倾听，保持开放的心态，关注对方而不是自己，是建立连接和展开意义深远的对话的关键。

第 2 节

说“我们”，而不是“我”

在日常生活中，你在表达与朋友或团队相关的某个观点，或者某件事的时候，用得最多的，是“我们”还是“我”呢？

国内一家媒体曾针对这个话题进行了一次社会大调查，他们访问了两百多位不同行业、不同身份、不同年龄和性别的人士，发现他们就一些需要与他人共同面对的话题发表看法时，更习惯说“我”“我怎么样”“我该如何去做”，而不是“我们”。

通过这个调查，媒体发现了一个现象，那就是多数人更习惯于将自己和某件事情联系在一起，而不是自己所处的团队和群体。比如，在提到如何把握创业机遇的时候，很多创业者都会说“我应该保持耐心”“我应该更加努力”，而很少有人会提到自己的合作伙伴以及客户，他们并不习惯于说“我们将共同面对一切”。同样地，在询问白领的工作情况时，多数人都在谈论“我的工作是什么”以及“我将要怎么做”，而很少有人会说“我们有什么计划”

或者“我们是如何解决问题的”。

针对这种情况，这家媒体给出了一些忠告：“如果你想要在团队中站稳脚跟，想要赢得团队成员的信任，想要带领团队走得更远，那么首先就要学会说‘我们’。”也许在很多人看来，“我们”和“我”之间并不存在什么不同，这两种表达并没有什么特殊的含义，但是对倾听者来说，喜欢说“我”，并且高频率使用“我”字的人，可能是一个相对于对方和团队，更加注重自我、更加专注于自我表现的人。

如果对“我”和“我们”这两个词进行分析，就能够意识到自己说话时所产生的不同效果了。“我们”所指范围比较广，通常包括说话者本人、倾听者，以及语境中包括的其他人等，“我们”更多的是体现一种整体意识，体现的是一种相互关心、共同分享的意识，因此经常说“我们”的人往往会给人一种以对方利益为先的感觉，因为这样的表达等于说话者在潜意识中已经将说话的对方和自己捆绑在了一起，等于认可了对方的地位和作用，因此也更容易赢得对方的尊重和信任，也更容易开展人际交往。

而反观“我”，通常仅指说话者本人，所说的事，表达的情绪、想法，也仅代表他个人，因此主观性比较强。尽管在一些私人事务上可以多说“我”，但是在和团队利益息息相关的话题上，过度展示“我”这样的主观概念就会人为地将自己和对方划分开来，尽管说话者本人并未有这样的想法，但是对于其他人来说，很容易造成误解。

正因为如此，如果希望与谈话对象拉近距离顺利开展社交，就应该注重这样的细节问题。所以不要混淆了“我们”和“我”的概念，不要将“我”经常挂在嘴边，尽量多说“我们”，让对方感觉到你的重视。

除了人际交往，在团队工作中，也要注意这个问题。比如，在对外事务上，我们都要明白，自己代表的是整个公司或者团队的意愿，因此在表达某些观点、某些立场的时候，一定要尽量采用官方的、正式的口吻，要尽量从“我们”的角度出发来进行阐述，而不是以“我”的名义来说。应该这样告诉对方：“我们一直都想与贵公司合作”“这就是我们的观点和立场”“我们会尽量给您一个满意的答复”。很显然，在公事上，运用“我们”会显得更权威，也更有说服力。

如果是团队内部工作的交流，那么说话者一定要将集体利益、目标放在最重要的位置上，然后才是个人的目标和利益，多提“我们”会让其他成员觉得你非常看重他们的价值，有利于团结。对于管理者和领导来说，谈话中更应该突出自己团队成员的身份，“让我们一起努力”“我们会做得很好”等都是有利于团队精神的说话方式。

如果我们准备与人进行合作，那么多说“我们”就显得更加重要。合作双方形成了利益共同体，因此在交流的过程中一定要突出彼此的利益共生关系，而“我们”就是一种最基本的，将彼此关联起来的表达方式，相反，如果说话者经常在谈话中说“我要怎么样”，往往会破坏相互之间的认同与信任。

心理学家认为，那些喜欢说“我”的人，可能会在生活和工作中表现得自私，这些人做事比较自我，缺乏全面的思考。另外他们可能不习惯与人分享，不适合共事。

综上所述，任何一个谈话者如果想要与对方形成友好关系，或置身于团队之中，就要懂得以“我们”来作为交流的主语，懂得用“我们”来定位彼此之间的关系。

第3节

倾听是最好的沟通方式

1998年，哈佛大学的布莱恩教授随机对730名路人进行了采访，并与他们就日常生活方面的事情进行交流，结果发现大约有690名路人表现出了强烈的表达欲望，有一部分人则喜欢在布莱恩说话时插嘴，只有不到20名路人愿意认认真真地听他把所有的话说完。到了2003年，布莱恩又对采访类节目、选秀类节目中的选手进行观察，发现多数人都具有自我展示的倾向，往往陷入“谁比谁更能说，谁比谁说得更多”的怪圈之中。

2005年，布莱恩在哈佛大学的话语课题研究中提出了“倾听行为日渐衰亡”的观点，他认为在过去的几百年时间里，美国人一直都在寻求一种表达与倾听的平衡，很多人都愿意花时间听一听他人说了什么，但现在这种沟通艺术已经慢慢失去了土壤，因为大家开始缺乏耐心。

并非只有美国有这样的问题，在我们国家，无论是日常交流，还是工作中的必要沟通，人们往往忘记了最基本的沟通准则是倾听。从另一方面来说，在日益追求自我的今天，人们常常会陷入话语权的争夺中，每一个人都太想表达，太想证明自己，以至于忽略了一点：他人同样需要表达。

事实上，倾听更多时候是我们拓展交际圈，或者赢得他人好感的一个重要方式。至少从沟通的角度来说，这是一种赢得他人信任和尊重的技巧，它在人际互动中所扮演的角色以及发挥的作用不可小觑。但是很多时候，我们都忽略了倾听的作用，通常情况下，我们更希望成为谈话的主导者，成为引人关注的对象。但是如果我们想要建立良好的人际关系，就必须认真倾听。值得注意的是，我们所掌握的信息大多是通过倾听获得的，倾听是充实个人信息库、扩充知识点和话题的重要方式。

此外，作为人际关系的解码器，倾听可以拉近陌生人之间的距离，也会让原本亲近的人更了解和信任对方。因为通过倾听，我们能够了解他人的想法，能够了解他人的性格特征，能够更好地把握他人关注的焦点。

美国的IG公司是一家发展速度很快的服装公司，仅仅成立四年时间，年营业额就已经突破了2亿美元，而这一切缘于公司给所有的职员提出了这样一条奇怪的要求：

听一听顾客们说了什么，然后听一听他们想要说些什么，最后听一听他们究竟还能说出一些什么。

按照公司的规定，在与顾客接触的时候，员工们要尽可能地少说话，尽量倾听顾客们的意见和建议，弄清楚他们的真实需求。可以说，正是因为善于倾听，IG公司顺利掌握了消费者的心理和需求，赢得了消费者的信任和欢迎。

无论在工作中还是生活中，倾听会让我们展示出对对方的关注和迎合，因此对方通常也愿意保持良好的沟通态度。倾听更多时候是一种态度，只要我们诚恳地倾听，就可能得到对方的尊重和信任，而这恰恰是双方彼此信任并建立稳定关系的良好开端。

第4节

幽默是社交达人的必备“武器”

曼德拉是南非第一位黑人总统，是一位极富幽默感的政治人物，被称为“南非国父”。80岁的曼德拉会见拳王刘易斯的时候，表示自己年轻时也是拳击爱好者。于是刘易斯故意指着自己的下巴让他打。曼德拉笑着做出拳击的姿势，旁边有人问他：“假如您年轻时与刘易斯在场上交锋，您能取胜吗？”他说：“我可不想年纪轻轻地就去送死。”此语一出，赢得满场欢笑，幽默的话语展现出了曼德拉闪耀的人格魅力。

幽默感是人际交往最好的润滑剂，对自我控制、自我调整有着极大的帮助。幽默是人类独有的才能。一个幽默的人能够给朋友、家人带来很多欢乐，赢得他人的好感，吸引他人的关注，让自己在人际交往中魅力无穷。

在现实社会中，社交活动无处不在，而凡有社交活动，就少不了幽默。如果我们能在社交场合中恰当地展现自己的幽默感，就可以让人眼前一亮。

卓别林曾被邀请参加一次社交活动。活动现场有很多苍蝇，卓别林不停地用手驱赶围着他乱飞的苍蝇，但并没有什么效果。终于，忍无可忍的卓别林拿起一个苍蝇拍拍打苍蝇，可拍了半天也没拍着。最后，苍蝇停在他面前的桌子上，他举起苍蝇拍，准备打死它。可是，他的手忽然停在了半空中。

“赶紧打死它呀！”旁边的人急了。

“它不是刚才侵犯我的那只。”卓别林耸耸肩，沮丧地说。

卓别林真不愧是幽默大师，按照常人的做法，一拍子拍下去，打死苍蝇，无任何可笑之处。而他却在拉开架势以后突然住手，引人发问，再说出一个似是而非的理由，让人忍俊不禁。

幽默是我们迈向成功社交的助推器，也是人际关系的润滑剂。有些人天生富有幽默感，总能赢得大家的喜爱和信任。然而有些人则生性严肃或木讷，对于幽默和玩笑都不在行。其实，无论性格如何，只要以正确方法不断练习，就可以习得幽默感，帮助自己在社交上获得成功。那么，如何才能掌握幽默这一社交“武器”呢？

1. 积累幽默的素材

观察周围的事物：幽默源于生活点滴。注意观察日常生活中的有趣瞬间，捕捉奇怪的情景、滑稽的对话或荒谬的情况，将它们作为幽默的素材记录下来。

阅读滑稽、幽默的作品：书籍、漫画、段子和笑话集，都是丰富幽默素材的宝藏。

观看喜剧节目：观看喜剧节目是培养幽默感的好方法。注意喜剧演员的表演技巧、台词和笑点，从中学习他们如何运用幽默来制造笑声。

发挥想象力和创造力：幽默往往是通过扭转常规和突破思维界限来产生的。保持活跃的想象力，勇于尝试不同的观点和角度，用创意的方式来看待事物，这将帮助你发现幽默的种子。

2. 模仿幽默的人

挑选你喜欢的幽默人物或喜剧演员，了解他们的幽默风格和特点。他们可以是大名鼎鼎的喜剧明星，也可以是身边的朋友。仔细观察他们的幽默方式，包括语速、语调、肢体语言和面部表情等，注意他们是如何运用身体语言和声音来增加笑点和喜剧效果的。同时，富有幽默感的人通常擅长运用幽默的词汇和句式，认真倾听，注意他们如何使用讽刺、双关语、夸张和对比等幽默手法。不妨记住一些常用的幽默语句，然后在适当的场合使用。

3. 幽默从自嘲开始

幽默应该是一种积极、友善的表达方式，而不是伤害或冒犯他人的话语。谈论别人、拿别人的事情“开涮”，并不是幽默，而是一种无礼举动。在刚开始练习幽默的表达方式时，往往不好拿捏分寸，一不小心就会伤害到他人，因此，不妨从自我解嘲开始。

要自嘲，首先要对自己进行真实的自我评估，了解自己的特点和无伤大雅的小缺点，并接受它们。不要过于认真，而要以一种轻松的心态来面对自己，并在适当的场合和合适的人面前，以轻松的方式谈论自己的失误、尴尬或滑稽的事情。记住，这么做的关键是适度，切勿让自嘲变成消极的自责或自我羞辱。

最后要强调的是，幽默是一种机智地处理复杂问题的应变能力，并不是取笑他人或自嘲。很多情况下，幽默是用来调节尴尬局面的，它是一种健康向上的品质。幽默会使生活充满情趣，有幽默的地方，气氛就更加活跃。谁都喜欢与谈吐不俗、机智风趣的人交往，幽默感强的人，人际关系都不会差。

第5节

少一点儿啰唆，多一些实际

1. 言简意赅，他人才能听得懂、记得住

什么是沟通？沟通是交际双方为了达成一致，相互传递思想、感情，反馈信息的过程。在沟通中，语言的精练和简洁至关重要，可以提高沟通的效率。语言精练是指在表达中使用简明扼要的词语和句子，以便于对方理解和接收其中重要的信息。相反，使用冗长或含混不清的语言表达，可能导致信息的模糊和不明确，让对方无法准确理解你想要表达的意思，从而造成误解或混淆。所以，沟通一定要做到语言精练，言简意赅。

麦肯锡公司是全球著名的管理咨询公司。一次，该公司为一家重要的大客户做咨询，项目负责人带领团队加班加点工作，准备了厚达几百页的报告，包括7个建议、36个改进方法，以及几套详细的实施方案。他们为了证明这些结论的可行，还准备了5本数据分析和调研报告的附录，以及大量的原始资料。以策万全，该项目负责人还将报告刻录了光盘以便分发给与会者，提案的前一天晚上他还再次检查了所有文字，保证拼写无误。

提案当天，项目负责人准备就绪，神采奕奕地到达会议室。没想到刚一落座，客户突然遇到紧急情况，不得不终止会议。因事出突然，客户只好问项目负责人："你能不能在我到停车场的这段时

间里，说说报告的主要内容？”

项目负责人愣住了，他完全没有准备，即使有准备，也无法在电梯从会议室到停车场的30秒内把结果说清楚。最终，麦肯锡失去了这位重要客户。

从此以后，麦肯锡要求员工任何事情都要在最短的时间内表达清楚，言简意赅、直奔结果。麦肯锡认为，一般情况下人们最多记得前三条，所以凡事要归纳在三条以内，这就是著名的“麦肯锡公司30秒电梯理论”。

语言是传递信息和交流思想的工具，最会讲话的人，一定是那些言简意赅的人。言简，强调语言表达要简短，要求说话要简练，不说多余的话，体现的是量的压缩；意赅，强调语言内涵要丰富，要求在最短的时间内表达出最多的信息，体现的是质的提升。与人沟通时，删繁就简、言简意赅才能切中要害。

2. 少一点儿啰唆，多一些实际

语言简洁而明快，代表说话者有高超的认识能力和思维能力，体现出说话人果敢决断、有自信，能够快速而深刻地分析问题。快节奏的现代社会，人们的时间观念越来越强，如果能够办事果敢，说话干脆果断，不拖泥带水，会给人留下精明能干的良好印象。怎样做能少一点儿啰唆，多一些实际呢？

明确信息：在沟通前，先在脑海中或纸上梳理清楚要传达的主要信息和重点，确保目标明确，核心要点突出，避免在表达时离题或走向细枝末节。

简明扼要：使用简洁有力的语言表达你的观点，避免冗长的句子和重复的表达。用准确、简洁的词语和短句来传达必要的信息。

避免废话：有时我们会用一些废话或无关紧要的信息来填充沟通空隙。改掉这个习惯，专注于传达主要信息。就算一下子想不起来接下来要说什么，也不要东拉西扯。

重点突出：在表达时，使用适当的强调方法（如重读、强调词语等）来突出重点，使对方更容易理解和记住你的观点。

聆听和反馈：除了表达自己的观点，也要尊重对方的意见和反馈。聆听对方的想法，询问他们的观点，并确保你的回应集中在他们的关注点上。

练习简化语言：多进行口头练习，以简化和提炼你的表达。花时间思考如何用更直接、简洁的方式表达你的观点。

3. 避免废话，浓缩就是精华

为什么那些喜欢长篇大论的领导总是令下属忍无可忍？为什么我们总是反感那些啰唆冗长的忠告，而喜欢那些简单明了的激励口号？这是因为大脑的瞬时记忆很短暂，通常只能保持几秒钟。当我们被长篇大论式的讲话或忠告淹没时，大脑是很难集中注意力去抓取关键信息的，这可能导致信息的错位、遗漏和混淆。

相比之下，简单明了的激励口号能够更容易地被大脑接受和记忆。这些口号通常使用简洁、有力的词语和短语来表达核心思想，使信息更易于理解和消化。此外，长篇大论常常引入许多细节和复杂的论证，这可能会使信息更加晦涩难懂。相反，简单明了的口号往往直截了当地传达一个明确的观点或目标，使人们更容易理解和接受。

时间也是一个影响因素。在快节奏的现代社会中，人们往往没有太多时间或耐心去聆听冗长的演讲或忠告。简单明了的口号能够迅速传达信息，在短时间内引发共鸣，使人们更有动力和热情。

总的来说，我们倾向于简单明了的口号和信息，因为它们更符合大脑的记忆和接收方式，能够更轻松地被接收、处理和记忆，从而提供更多的影响和激励。

但现实生活中，很多人都喜欢说一些无关紧要的废话。在他们看来尽可能多地与人交流，有助于增强自己的存在感，有助于增强自己的影响力，也有助于传播更多的信息，但事实往往适得其反。过多的废话和烦冗的语言会让说话者显得非常无聊，因为没有人愿意花费时间来听一些没有多少价值的话。

第 6 节

勿以语言论短长

1. 把握开玩笑的尺度，不要“幽默”过了头

上文我们已经说过，懂得幽默的人，能让人在一片欢笑声中加深对他的印象，并对他产生亲近感。在出现意外分歧的时候，幽默也可以成为紧张局面的润滑剂，使双方之间消除敌意，化干戈为玉帛。但是，任何事物都有一个“度”，幽默调侃也不例外。我们应该慎重而恰当地把握好幽默的“度”，千万不要把玩笑开得过火。

首先，考虑受众的感受。不同的人对幽默有不同的接受程度和理解能力，因此，在使用幽默时，我们应该了解受众的背景、文化和个人偏好，并确保不会冒犯或伤害他人的感情。比如，如果我们知道受众的宗教信仰对某些话题比较敏感，就应该避免拿这些话题开玩笑。同样，如果我们了解到某个人有

不愉快的经历或敏感点，就应该避免触及，以免引起不必要的冲突或伤害。

其次，避免玩笑过火。幽默的目的是取悦和娱乐人们，而不是伤害或羞辱他人。开玩笑时，应该尽量避免带有攻击性、歧视性或侮辱性的语言和主题。我们要以友善、尊重和关怀的态度来表达幽默，确保言辞和行为不会伤害到他人的自尊和价值观。

再次，幽默应该注重时机和场合。在不合适的时间或地点开玩笑可能会产生负面影响。我们应该避免在敏感的、严肃的或正式的场合使用幽默，尤其是在一些重要的商业或社交场合。

最后，要学会适时收敛。有时候，开玩笑的效果取决于适时终止。如果继续开玩笑可能导致误会、尴尬或伤害他人，就应该及时停下来。

2. 不要在言语上胜过他人

如果你想要在言语上逞强或者征服他人，那么你说得越多，出现纰漏的可能性就越大，越容易让对方掌握反击你的把柄。话语中的错误或矛盾会削弱你的信誉和说服力，甚至可能导致尴尬的局面。因此，学会控制自己，不在言语上与他人较输赢是非常重要的。一旦话语出口，就难以收回。即使后来意识到自己可能说错了或过于冲动，已经造成的伤害或误解可能也无法避免。因此，在发表任何言论之前，应该三思，确保所说的内容是基于事实和经过理智思考的。

用满是讥讽和嘲弄的言语对他人进行攻击，可能会带来暂时的满足感，但这种满足感往往是脆弱和短暂的，而由此引发的麻烦和伤害却可能是长久且深远的。讥讽和嘲弄会破坏人际关系，制造敌对和不信任的氛围，相反，尊重和善意的言语可以建立良好的沟通和合作基础，促进和谐关系的形成。

因此，控制自己的言语非常重要。应该时刻谨记自己与他人交流的目的，在与他人交流时保持冷静和平和的态度。在面对挑衅或争论时，选择以理性和理解为基础的表达方式，而非讥讽和攻击，确保言语的力量被正确地使用，促进彼此的理解。

3. 不了解，就不要发言

我们经常会在不了解的事情上犯错。比如，我们与某人仅有过几次短暂的交往，对对方的家庭环境、生活背景、学历学识、兴趣爱好可能一无所知，却与他人肆无忌惮地谈论他的为人或私事；我们看过几部小说，实际上只记得几个作家的名字，就开始在他人面前大肆谈论意识流、后现代主义或魔幻现实主义；等等。

这是沟通中常见的问题——我们模糊了“我知道”和“我熟悉”的概念，总是想当然地将并不了解的事情当作谈资，并以此来炫耀自己的见识。实际上这种夸夸其谈的行为对于整个社交往往会造成很大的破坏，因为在一些不够了解的话题上，我们很容易犯错，甚至将自己推入尴尬的境地。此外，我们的无知也可能误导对方，或者让对方产生误会，造成对方认知上的混乱和错误。

为了避免这种情况，我们应该保持谦逊和开放心态。当涉及不熟悉的话题时，我们应该愿意承认自己在这方面的不足，并表示乐于学习和倾听他人的意见和经验，与他人进行建设性的对话和真诚的交流，这不仅有助于拓宽我们的知识和视野，也能避免因无知误导他人。

第四章
从零开始学演讲

第 1 节

演讲的准备工作

演讲前做好充足的准备能够提升演讲者的自信和演讲流利程度，帮助构建清晰的演讲结构，考虑听众需求，并有效处理问题和改进演讲技巧，还能增加演讲的说服力和影响力，与听众建立联系，传达信息。那么，在演讲前，我们要做好哪些准备呢？

1. 常识的储备

“常识”就是人们在日常生活中所具备的常见知识、常规理念和普遍的认知能力。它是基于经验、教育和社会背景形成的一种共识，为人们在实际生活中做出合理的判断和决策提供指导。常识通常是普遍认可的、广泛适用的，它不依赖于特定的专业知识，而是基于人们共同的生活经验和常识性推理。

常识性错误可能包括对基本事实的错误理解或误解，对普遍现象的错误描述或解释，以及对常见问题的错误解决方法等。如果演讲者在演讲中错误地解释了全球气候变化的原因，或者错误地解释了一种常见疾病的治疗方法等，就会破坏演讲者的说服力和可靠性，使得听众对演讲的内容产生怀疑，并降低演讲的影响力和效果。

为了避免常识性错误，在演讲前演讲者应该进行充分的研究和准备，确保所提到的事实和信息是准确可靠的。他们应该对所涉及的主题有深入的了解，并积极获取最新的信息和数据。此外，演讲者应该注意反复核实和验证所引用的信息来源，避免误传或错误解释。

如果在演讲过程中不慎犯了常识性错误，演讲者可以及时纠正并提供正确的信息和解释。诚实和公正地面对错误，向听众展示自己的修正和学习态度，有助于增强演讲者的公信度和说服力。

2. 确定演讲主题

首先，演讲的主题不能与演讲人的兴趣、研究领域相距太远，以确保在演讲中能够提供准确、深入的内容，并与听众建立信任和共鸣。其次，确定目标受众，思考他们对什么主题感兴趣，比如，要在大学进行演讲，演讲的主题就不宜老生常谈，而应与大学生的学习、生活有关。再次，选择一个能够突出演讲者个人观点或经验的角度或观点，与其他人区分开来。接下来，进行充分的研究和调查，了解所选主题的最新发展和相关研究，确保具备足够的知识和深度。继次，回顾个人经历，看是否能与选定的主题结合，增添亲身性和吸引力。同时，关注热点问题，引起听众兴趣和共鸣。最后，根据可行性和时间限制，确定一个能在演讲时间内进行适当深入分析和讨论的主题。

3. 研究和收集资料

针对演讲主题进行广泛的研究和资料收集，是确保演讲内容正确和有力的关键。具体措施包括阅读相关的文献和书籍，搜索在线资源，查阅学术数据库，进行采访和调研，关注社交媒体并参与讨论等。但是，光是充分收集资料是不够的，更重要的是保持批判性思维，筛选可靠和权威的资料，并正确引用。当然，也不能唯权威是从，应该有自己的思考、判断和见解，有足够的把握时，甚至不妨对一些权威说法发起批判或挑战，这样演讲的内容才真正有意义。

4. 构建演讲结构

构建演讲结构是确保演讲内容有条理和连贯的重要步骤。要构建一个有效的演讲结构，需要考虑引言、主体部分和结论。引言用于引起听众的兴趣，并引入演讲的主题；主体部分是演讲的核心，包含主要观点和支持材料；结论则用于总结演讲内容，并强调主要观点；适当的过渡语句和段落可以帮助听众顺利跟随演讲的逻辑流程。构建清晰的演讲结构，可以让演讲更具有说服力和影响力。

5. 写演讲稿并标记重点

写演讲稿并标记重点是为了确保在演讲过程中能够准确、连贯地传达关键信息。首先，根据演讲的主题和目标将主要观点、论据和实例按逻辑顺序整理成连贯的段落。在写作过程中，尽量使用清晰简洁的语言，灵活运用逻辑词来理顺各个观点之间的逻辑，如“首先、其次、再次、继次、最后”“因为、所以、由于、因此”等。

为了突出重点，可以用粗体、斜体或下划线标记关键词或短语。在标记重点时要注意适度，避免使用过多的强调符号，以免分散听众的注意力。最后，及时进行修订和编辑，确保演讲稿的逻辑清晰、语言有力。

6. 充分练习和回顾

不仅要熟悉你的演讲稿，还要练习演讲时的肢体语言、声音的语调和说话的速度，以确保你的演讲自信、流畅和有影响力。可使用摄像设备录制演讲或练习的过程。回顾录像，评估自己的表现，总结可以改进的问题。同时，通过录像关注自己的声音、肢体语言和表情，以便做出必要的改进。也可以在朋友、同事或家人面前进行预演，并请他们提供反馈和建议，从他们的观点中了解听众的真实感受。

7. 使用多媒体工具

根据演讲的需要，准备并使用多媒体工具，如幻灯片、图表、视频等。这些工具可以更清晰地传达观点和信息，让听众通过数据、影像资料等直观地了解相关信息，增加演讲的公信力和说服力。

第 2 节

精彩的开场，抓住听众的耳朵

俄国大文学家高尔基曾说过：“最难的开场是第一句话，如同音乐的开场，整个曲子的音调都是由第一个音符决定的，它起了定调的作用。”演讲的开场是极其重要的，可以在听众与演讲者之间迅速地建立起感情的桥梁。有了这座桥梁，接下来的信息传递将会容易得多。只有演讲者将信息准确而充分地传达给听众，才能引起他们的共鸣，达到演讲的目的。通常来说，演讲开场一般分为以下两种。

1.“引子”式开场

在演讲中，开场的“引子”起着吸引听众注意力的重要作用，“引子”式开场可以分为两类。

首先是“开门见山”式——不留缓冲时间，一句问候之后立即开始演讲，迅速地切入正题。这种开场方式的目的是直接引起听众的兴趣和关注，使他们立刻投入演讲中，避免将听众的注意力消耗在无关紧要的内容上。例如，演讲者上台，可以说：“大家好，今天我要和大家分享一个令人振奋的消息！”然后立即进入演讲内容，让听众迅速进入状态。

其次是“陈述事实”式。演讲者所陈述的事实或带有故事性和回忆性，或与听众息息相关，能够自然地吸引听众的注意力，并使他们愿意继续聆听。以这种来自真实生活的故事作为“引子”，演讲者不但能够建立起与听众的情感连接，打开他们的心扉，还可以使演讲更具人情味。

无论是哪种“引子”式开场，重要的是在开场阶段就能吸引听众的注意力，并让他们对接下来的演讲产生兴趣。考虑到听众的心理需求和情感共鸣，选择一个适合的“引子”，并以生动有趣的方式呈现，能够帮助演讲者赢得听众的青睐并提高演讲的影响力，为整个演讲奠定成功的基础。

2.“楔子”式开场

“楔子”式开场又是什么呢？简单来说，“楔子”式开场是指在演讲开始时使用一个简短的引人入胜的、引发思考的或引发情感共鸣的故事、引言或事实，以吸引听众的注意力和兴趣。这种开场方式的目的是打开听众的心扉，并为后续演讲内容的传递建立一个引人注目的起点。

美国前总统里根在人民大会堂演讲时说：“我和我的夫人南希一直希望来历史上最悠久的文明古国——中国访问，同你们伟大的人民见面，一睹贵国历史宝库的风采。我们唯一遗憾的是，这次的访问时间太短暂，看来只能像唐代诗人写的那样‘走马观花’了，但是在中国《汉书》里还有一句话叫作‘百闻不如一见’，我和南希深有同感……”里根在人民大会堂的演讲实际上是想表达这次访华的感受，作为一个外国人，他和当时的中国人民可能并没有太多的共同话题，于是便选择中国人耳熟能详的唐诗和《汉书》作为“楔子”，以打开话题，拉近与听众的距离。

人们往往愿意听到自己熟悉的人、事物、城市，愿意听他人提到家乡，提到祖国，提到一切自己熟悉的事情。这便是“楔子”式开场的妙处，它是建立在人们喜欢听到和提起一切和自己有关以及令自己感到亲切的东西的心理之上的。一旦听众对演讲者不排斥了，甚至熟悉了，那么接下来的演讲内容都会凭借“先入为主”的印象被听众们顺利接纳。

“引子”式开场和“楔子”式开场是比较常见的两种演讲开场模式，这两类开场的异曲同工之处就是建立起演讲者与听众之间的感情桥梁，消除防备及隔阂。选择这两种类型的演讲开场白虽然算不上新颖，但至少不会出错。

除此之外，还有一些其他的方式可以用来开场，以吸引听众的注意力和兴趣。

提出问题：以一个引人注目的问题开始演讲，这样可以激发听众的思考和好奇心，并引导他们主动参与演讲内容的探讨。

使用幽默感：通过幽默的方式开场，讲一段有趣的笑话或者引述一个轻松的故事，可以轻松地吸引听众的兴趣，“破冰”并营造良好的氛围。

引发互动：开场时可以设计一个小的互动环节，如提问、举手或请听众参与一个小活动，以增加听众的参与度和注意力。

第3节

讲一个故事，引发听众的好奇

一场演讲，如何在开头就取得头彩呢？答案是讲故事。

“讲故事”是帮助演讲顺利进入正题的方式，也是一种聚焦关注的有效手段。“故事”不仅可以是他人的故事，也可以是演讲者自己亲身经历的故事，而后者更能打动人心，令听众感同身受。

故事是承载情感和共鸣的桥梁，能够让听众与我们产生更为真实的连接。当我们分享自己的故事时，我们会展现出真实的情感，让听众感受到我们内心深处的挣扎、成长和希望。这种真实而又质朴的表达方式，往往比简单地陈述事实和数据更加强大，更能深深触动听众的心灵。

无论是讲述他人的故事还是自己的故事，我们都可以利用情感、细节和人物角色的描绘来制造共鸣和引起听众的兴趣。一个动人的故事会在听众的心中激起情感的涟漪，使他们更加愿意倾听和理解我们的观点。故事让抽象的概念变得具体而有血有肉，它们让演讲不仅给听众带来认知层面的收获，还能深深烙印在听众的心灵深处。

2012年，莫言成为首位获得诺贝尔文学奖的中国籍作家，这个振奋人心的消息直到现在都为国人所自豪。莫言的获奖感言全文8200多字，几乎全部是自己人生经历的写照，不过短短十几分钟，却令人印象深刻。演讲稿的开篇就向我们介绍了他的母亲以及故乡，说他获奖那一刻最怀念的人是他的母亲，遗憾的是母亲早已不在。而后莫言陷入了童年的回忆之中："我是我母亲最小的孩子。我记忆中最早的一件事是提着家里唯一的热水壶去公共食堂打开水。因为饥饿无力，失手将热水瓶打碎，我吓得要命，钻进草垛里，一天没敢出来……"

莫言对自己亲身经历的讲述，拉近了与听众的距离，也让听众更加了解了莫言成长的时代背景。莫言在演讲过程中讲了很多亲身经历过的事情，让听众的心情随着他的故事而上下起伏，因为听众可能有过类似的生活经历，这就是"感同身受"。

故事的形式多种多样，只要与演讲主题相关，只要情节真实、动人，听众就会被吸引。如何在演讲中讲好故事呢？

1. 确定故事与演讲主题的相关性

选择与演讲主题直接相关的故事，让听众将其与演讲主题、观点和信息联系起来。

2. 塑造鲜明的人物角色

使用生动的语言和细节描述故事中的人物，让听众能够对角色产生感情，并轻松地投入故事情节之中。

3. 创造引人入胜的情节

构建有趣的情节，包括起承转合和冲突，以激发听众的好奇心和想象力。

4. 添加适当的笑点或悬念

在故事中加入幽默或者悬念元素，以吸引听众的注意力，并保持对故事的兴趣。

5. 控制讲述的节奏和节制

掌控好讲述故事的节奏，让听众能够有时间去理解故事、体验情感和思考意义，但故事节奏不可拖沓，以免造成听众疲劳或导致演讲跑题。

6. 使用适当的声音和肢体语言

利用声音的变化、语调的抑扬顿挫以及肢体语言的表达，增强故事的表现力和生动性。

7. 结合个人体验和观点

对于真实的个人经历，结合自身的思考和理解，将其与演讲主题有机地结合在一起，给听众带来更强的共鸣和启示。通过故事中的教训、启示或情感体验，引导听众思考并带给他们一些具体的行动建议或反思。

8. 切记不要过度讲故事

故事只是演讲的一部分，在讲述的同时也要确保整个演讲的结构和内容的完整性。

灵活运用这些技巧和注意事项，就可以在演讲中讲好故事，使演讲更加引人入胜、易于理解和令人难忘。但是请记住，故事在演讲中的作用是传递信息、启发思考和打动听众，因此要确保故事与演讲主题相关，并充分利用语言、形象和感情的力量来传递你的观点和信息。千万不要为了讲故事而讲故事，让听众产生疑惑，这样会导致演讲主题过于分散，降低演讲的说服力。

第 4 节

提一个问题，激发听众的思索

我们常常会发现，不论是演唱会还是小品、话剧，任何以一对多的方式呈现的活动里，有互动才能让气氛活跃起来。互动的方式多种多样，而提问，则是其中较为常见、多用，效果也比较好的。提问除了能抓住听众的耳朵，也能引发听众的思索。演讲中，技巧性地提问不仅能够活跃气氛，制造悬念、引起听众关注，还能强调演讲者的观点，起到事半功倍的作用。

简单来说，演讲中的提问主要有封闭式提问、开放式提问、整体式提问、直接式提问、反问式提问及传递式提问等。

1. 封闭式提问

很多演讲者在演讲的过程中为了得到听众的反应，会问一句："请问大家对于我所说的内容有什么问题吗？"这种发问方式比较封闭，好处是听众容易回答，一个简单的"有"或者"没有"，或者点头、摇头示意即可；坏处是回答面太窄，不利于听众进行深度思索，听众在这类提问下的反应往往是条件反射式的，即本身对问题没有想法，只是随环境的反应而反应。

2. 开放式提问

开放式提问往往以“为什么”“是什么”“怎么做”等开头，譬如“为什么说‘知道’不等于‘做到’”等。这类提问的好处就在于，可以引发听众的思考，甚至让听众与演讲者就问题展开讨论。利用这类问题，演讲者一方面引导观众跟着自己的节奏走，一方面不间断地让观众思考，加深演讲的深度。

3. 整体式提问

整体式提问是指在演讲或讨论中，提出一个广泛的，涵盖了整个主题的问题。这种提问方式可以引导听众从整体上思考主题，而不仅仅是关注细节或具体部分论点。整体式提问有助于促进对主题的全面理解和讨论，例如，“在全球化进程中，您认为最重要的挑战是什么”，这个问题引导回答者全面思考全球化的各个方面。但这种提问是有风险的，听众很可能答不上来，那么这时，演讲者可以以类似“看来大家都在思考我说的这个问题，那么我先把我的想法说出来，以供大家参考”的句子，结束沉默继续演讲。如果想再次尝试以这样的提问来带动气氛，就要注意观察听众的反应，如果听众仍不配合，则不可再使用。

4. 直接式提问

直接式提问比整体式提问更具风险，它是随机且不可控制的。比如，很多演讲活动中，在演讲者讲完某个内容，就随即点选一位听众：“那个黑衣服的姑娘，对，就是你，麻烦你回答一下这个问题，如果……”在毫无准备的情况下，很容易出现被提问者支支吾吾无法回答的情况。同时，这种提问方式也很考验演讲者的提问技巧，如果提了一个不好回答的问题，就无异于搬石头砸自己的脚。但是这种类型提问的好处在于，一对一发问，可以让一位或多位听众发表自己的见解，引发其他听众的思索。这比演讲者传递自己的观点来引发听众思索更具有引导性。

5. 反问式提问

反问式提问指以反讽或反向的方式提出问题，常用于引起思考和激发对话或辩论。它的特点是提问者在问题中已经包含了自己的观点或意见，并希望通过质疑引出对方的观点。一个典型的反问式提问是："难道我们应该坐视不管吗？"这个问题反映了演讲者的强烈不满或质疑，并希望激发听众的反思和反应。反问式提问具有引起注意、激发思考和展开讨论的作用，便于深入探讨问题的各个方面和细节。

6. 传递式提问

传递式提问往往建立在提问互动上，比如，当演讲者提出问题，某位听众回答之后，演讲者又请另一位听众就前者的回答阐述自己的看法。传递式提问通常可以使整体气氛活跃，也可以激发听众的思考，但是要注意三点，第一，不能把所有问题都拿来做传递式提问；第二，一个问题不适合传递多次，否则会让听众觉得演讲者是在"打太极"；第三，演讲者应把听众的观念收集归纳，最后做一个深刻的总结。

演讲不光是有提问就能引发听众的思索的，如何问、怎么问都极为重要。有技巧地提问，才能够激发听众的思索。提问应遵循"四度"，即力度、广度、深度、新度。

力度：提问应该具有引导力，能够引起听众的兴趣和思考，而不仅仅是普通或答案显而易见的问题。

广度：问题应避免只关注细节或某个观点，而应该涵盖主题，引导听众从不同方面和角度来思考主题。

深度：问题应该能够引导听众深入思考和探索主题的深层次内容。通过提出深度问题，可以促使听众深入挖掘主题的内涵，产生更深刻的理解。

新度：问题应新颖，通过提出与传统观点不同的问题，可以打破常规思维模式，激发听众的创造性思维。

第5节

巧用肢体语言，让听众感受你的魅力

通常，我们倾向于通过口头语言来表达我们的想法，说话是最常见且最简单的方式。然而，口头表达方式有其局限性，尤其是在某些情况下，肢体语言可以弥补口头表达的不足之处。通过巧妙运用肢体语言，我们可以传达更多的信息、情感和内涵。比如，当我们与有语言障碍或语言不通的人交流时，肢体语言可以起到桥梁的作用。通过肢体语言，我们可以传达基本的意图、表达和理解，跨越语言障碍，促进有效的交流。有时，我们希望强调某个观点或信息的重要性，可以使用手势或动作来强调，增强观众对重点内容的注意和理解。

肢体语言在演讲中扮演着重要角色，它能增强口头表达，引起听众的注意，传达情感和自信，支持故事叙述和示范，并建立连接和亲和力。合理运用肢体语言可以使演讲更生动、有吸引力，增强演讲者与听众之间的共鸣和信任。演讲中的肢体语言主要包括目光的接触、表情、手势、站姿、走姿或者某些辅导工具的晃动等。每一种肢体语言都很有讲究，每一种肢体语言都能够释放信号，都能够准确展示演讲者的内心世界，演讲者需要注意准确性和自然性，避免过度夸张和不自然的表现，从而达到最佳表达效果。

1. 眼神

都说眼睛是心灵的窗户，而眼神就是最生动、最微妙、最复杂、最富表现力的沟通语言，因为眼神不会欺骗人，它总是能够坦诚地表现出内在的想法和情感。因此在演讲中，一定要注意眼神的使用，而不同的眼神往往会展示出不同的效果。

首先，眼神交流可以加强与听众的连接。通过直视观众的眼睛，演讲者可以传达出尊重、关注和互动的态度，营造出亲近和信任的氛围，促使听众更加投入。

其次，眼神交流可以显示出演讲者的自信和专注。当演讲者用坚定的眼神与观众进行眼神接触时，他们体现出的自信和专业让听众对其演讲内容更加信服。

再次，眼神交流还有助于控制观众的注意力。通过巧妙的目光引导，演讲者可以引起听众的兴趣和集中注意力，确保对关键信息的接收和理解。

最后，眼神交流可以增强情感和语境的表达。通过眼神的微妙变化，演讲者可以传递出各种情感，如喜悦、紧张、兴奋或认真，使观众更加深入地感受到演讲者的情感。

2. 手势

很多人会觉得手势只是一种无意义的“装饰”，但实际上手势通常是个人想法和情感的一种间接表达。在演讲的时候，手势可以加强演讲者的语气，增强演讲的说服力和感染力。

在身体的各个部分中，手的表达能力仅次于脸，不同的手势往往具有不同的含义。

比如，十指交叉呈塔状就是一种表达自信的手势，也会让演讲的内容更加真实可信；伸手时掌心向上表示请求、许诺，同时也表现出演讲者谦逊的一面；双手手掌摊开，手指笔直，这是一种坦率的表示；而挥动双手往往具有鼓舞人心的作用，容易带动听众的情绪；做出双手由分而合的手势，可以表达出亲密、团结、联合等期望。

3. 微笑

微笑是最常见的一种表情，但同时也是最具影响力的一种肢体语言，作为一种非常积极的、柔和的表达方式，在降低自身防备、缓和气氛、赢得好感等方面起到重要作用。演讲中，微笑可以营造积极的氛围。当演讲者微笑时，他们传递给听众的信息是友好、愉快和温暖的，这有助于消除紧张和不安，使听众更加放松和开放，更容易接受和理解演讲内容。同时，微笑能够建立与观众的连接。通过微笑，演讲者与观众之间建立起了一种非语言的互动。微笑示意着演讲者诚挚的关注和对听众的尊重，在无言中传递出信任和共鸣，使听众更加倾向于参与和支持演讲。

4. 身体的触碰

肢体语言是一个很丰富的概念，有时还需要和他人发生互动，这种互动往往通过一些身体的触碰来完成。像握手、拍肩膀、贴脸、抚摩脑袋、牵手、亲吻、抚弄头发、拍打背部等，都是一种肢体触碰的行为，它们是证明彼此相互信任或者维持亲密度的有效方式。

比如，演讲者请听众回答问题时，轻拍其肩膀是比较常见的肢体接触方式。轻拍肩膀实际上代表了友好和爱护，可以向听众传递一个信号："我很欢迎你发表看法，而你完全可以保持放松。"从而有效消除对方的防备心。

无论哪一种肢体语言，最重要的还是要用心去表达，而一个优秀的演讲者更应该像是一个出色的舞台表演者，他不仅要展示出自己独特的语言天赋，要努力说出那些恰到好处的话，还要懂得完成一系列绝妙的肢体动作，让它们在悄无声息中向听众传达出自己的思想、感情和个性，从而让整个演讲变得更加真实、更加立体、更加生动、更具煽动性和说服力。

第 6 节

适当"吐槽"，让听众笑一笑

一场演讲，让听众开心一笑很重要。这并不是让演讲者哗众取宠以博听众一笑，而是在紧张的演讲中适当"吐槽"，缓和气氛，让整场演讲变成一场心领神会的交谈，而不是演讲者一个人的"独角戏"。

新东方创始人俞敏洪，以"在绝望中寻找希望"为主题，在浙江大学进行演讲时，开场就"吐槽"了自己的长相，拉近了与听众的距离，使得演讲氛围显得十分轻松："谢谢各位朋友，大家早上好！……今天来到这里的很多人，特别是大学生来都是看我长的是什么样的。我长得是比较难看的，但是和中国大部分的名人和企业家相比，我对自己还是有自信的。"

俞敏洪“吐槽”自己的长相，其实也就是说自己长得不英俊，而成功人士说自己其实在有些方面很普通，无形之中也就增加了一种亲切感，证明他并不是完美的。这种恰到好处的“吐槽”，并不是哗众取宠，而是表达自己的友善。“吐槽”并不是一种激烈、针锋相对的言语反击方式，相反，它是一种诙谐、幽默的谈吐行为。但是，“吐槽”要适当，只图一时之快而言辞过于激烈，会遭到听众的反感。

那么如何才能把握好“吐槽”的度呢？既不能使演讲枯燥乏味，又要令演讲现场气氛融洽，最好能让听众笑一笑。

首先，演讲者先要了解自己的听众属于哪个社会群体，是学生、职场人士，或其他类别。结合各种社会群体的普遍特征，才能够做到适当的“吐槽”。比如，不可能对着一群高中生去“吐槽”工作“压力山大”，或者如今的房价有多么高，这些信息对于还在上学的高中生来说十分陌生，而且他们也不太感兴趣，这样的“吐槽”只会带来冷场。同样地，你也不可能对着一群已经有好几年工作经验的职工去“吐槽”当年的高三学习有多么辛苦，因为那已成为过去式，并没有笑点。

因此，了解听众的背景和共同经历是非常重要的。当演讲者准确了解听众的社会群体后，可以通过适当的“吐槽”让演讲更加幽默和生动。

对于高中生，演讲者可以通过一些轻松愉快的方式来“吐槽”学习压力和考试焦虑。例如，演讲者可以分享一些自己在高中时的趣事，以及应对学业压力的方法，并提供一些幽默而实用的建议。这样的“吐槽”既能引发听众的共鸣，也能在轻松的氛围中提供有益的内容。对于职场人士，演讲者可以以一种调侃的方式来“吐槽”工作中的挑战和压力。例如，演讲者可以分享自己在职场中遇到的尴尬等。这样的“吐槽”可以帮助职场人士放松心情，缓解压力，并产生共鸣。

无论是面向哪个社会群体，演讲者都应该避免过于尖锐或攻击性的“吐槽”，以免引发不必要的争议或冲突。相反，通过适度的幽默和自嘲，演讲者能够创造一个轻松、互动和愉快的演讲氛围，让听众更加愿意聆听和参与。

其次，演讲者切忌漫无边际地“吐槽”。虽然是“吐槽”，但“吐槽”的点最好能与整个演讲的主题相关，这样才能避免不知不觉地偏离了演讲的主题，让自己陷入尴尬。“吐槽”过后，也要迅速把听众的心思收回来，这样才能收到事半功倍的效果。

在演讲中，确保“吐槽”与演讲主题相关是至关重要的。漫无边际地“吐槽”可能会让听众感到困惑或失去兴趣，因此，演讲者应该谨慎选择“吐槽”的内容，确保它与主题有明确的联系，并在演讲中嵌入得体。

当“吐槽”部分结束后，演讲者需要迅速将听众的注意力重新引回演讲的主题。可以通过过渡语句或问题引导的方式来实现这一点。例如，演讲者可以以幽默的方式提出一个问题，或引用一个相关的故事或引言，重新捕捉听众的兴趣并引导他们重新聚焦到演讲的主题上。

此外，在演讲中把控节奏和切换思路也是很重要的。演讲者可以在某个自然的转折点切换到“吐槽”部分，然后再通过引导重新回到讲述主题。这种巧妙的节奏和思路切换可以帮助演讲者在“吐槽”之后迅速将听众的心思带回正轨，避免让演讲显得杂乱无章。

总而言之，“吐槽”在演讲中是一门艺术。演讲者适当地“吐槽”，让听众笑一笑，为整个演讲营造良好的氛围。

第五章
生活中的心理学应用

第1节

心方人圆，方能纵横于世

方中有圆，圆中有方，是为人的因果定律，也是大自然的法则。在这里，圆，象征着运转不息、周而复始的天体；方，象征着广大旷远、宽厚沉稳的地象。《易经》中反复强调“天圆地方”：众人为天，“天圆”就是处世要圆融，要有智慧；心田为地，“地方”就是心地方正，要有操守。心方人圆，换另一种说法就是外柔内刚。外柔内刚的人，往往能以“内韧”纵横人际场。

人要想成事，就要注意培养外柔内韧的性格。性格刚强固然无妨，但是如果外表柔和，内心坚韧，则既可以不得罪人而办成很多事，又能很好地坚持自己的原则，降低他人的“防备系数”，说话办事都可以事半功倍。自古以来，高明的政治家都会选择用这种手法与人交往，从不会因为一时的情绪而自毁政途。

宋朝开国时期的一位著名宰相赵普，曾在太祖、太宗时期为相数十年。这个人的性格非常坚韧，在举荐贤能方面也颇有作为。

宋代初年，遇某官职出缺，太祖让宰相赵普举荐贤能。赵普推荐一人，但太祖不喜欢，因此拒绝了。哪知道接连几天，赵普每日都举荐这个人。太祖一怒之下，把赵普呈递上来的荐名纸撕了，掷在地上。谁知赵普既没有羞愧难当，也没有开口解释，只是无声地把地上的废纸捡了起来。

过了一两天，太祖又要赵普举荐。谁知，赵普早把前日捡起的破纸用糨糊贴好了带在身边，太祖一开口，便马上把这纸送上，然后站在那里一动不动。太祖惊讶地问道："为何还是此人？"赵普这才开口解释这人的优点，太祖终于被说动了，起用了此人。

赵普劝太祖纳贤，虽然被拒绝了，但并没有气馁，也没"据理力争"来顶撞太祖。他采取了软磨硬泡、无声抗议的方式，既显示了自己的坚决，又达到了让太祖纳贤的目的。他这种看起来柔和，实则韧性十足、坚持不懈的心智，的确是令人佩服的。不过运用这种"软磨硬泡法"也要注意分寸，以免激怒对方，起到反效果。

好的心理素质，能让我们成功地控制情绪，以适应各种生存环境，对于办事的成功与失败，也有着举足轻重的影响。所以我们应该学会锻炼心智，做到处变不惊，遇变不形于色，才能更好地纵横于生活的各种圈子当中。

第 2 节

丢弃记忆，它是自由前行的最大阻力

记忆是我们将信息储备进大脑时构建出来的，因此往往加入了很多事后的推理，它并不真实，只是当时的情况与我们的信念和知识的反映，是由大脑整合、拼凑而来的。在乐观者的惯有记忆里，他们考试的分数总是比实际的高，做的好事总是比实际的多，成功的次数总比失败的次数多；而在悲观者的记忆里，倒霉总比幸运的时候多，不幸总比幸福的时候多，痛苦总比快乐的时候多……然而这一切，都是真实的吗？

别着急，让我们先来看看记忆是什么。记忆是人脑对事物的识记、保持、再现或再认，是进行思维、想象等高级心理活动的基础。记忆的形成是一个复杂的过程，涉及多个阶段和脑部结构的相互配合。首先，我们通过感知和感觉器官接收外界的刺激，并将其储存为短期记忆。如果我们在短期记忆的基础上进行了注意和加工，这些信息就能够进入长期记忆中，并成为我们的长期记忆。我们不断地回顾过去，然后不断地修改自己过去的故事，使它更贴近现在的自己的认知。有时候，我们的记忆可能会受到一些因素的影响，例如时间的流逝、情绪的变化、外界的干扰以及后续的体验和信息等。这些因素可能会导致我们对记忆的再现和表达产生偏差或错误。因此，我们不能仅凭记忆来完全准确地重建过去的经历，而应该谨慎看待记忆的可靠性，并充分意识到记忆的主观性。

美国有个认知心理学家叫洛特斯，她专注于研究人类记忆的持续性和准确性。她做过这样一个实验，向志愿者播放大量关于车祸的影像，并要求他们依靠回忆来估计肇事车辆的车速。结果，志愿者的答案由于她的发问措辞不同而出现差异。当她的问话是“车子撞在一起”时，志愿者大都回答车子的车速是正常的。一周后，当她使用类似“车子猛撞在一起时”的措辞要求志愿者回忆时，一些志愿者竟然想出了“车速特别快”“车子的挡风玻璃爆裂”等场景。根据多次研究，她发现记忆是根据大家的认知和假设而生的，并且总是不断变化的。

看到这里有些人会觉得，连记忆都可以人为改写，实在是可怕。但是，千万别被吓倒，记忆构建并不一定就是坏事，因为积极的记忆构建可以调整我们的心理状态，美化我们的生活。心理学家研究发现，那些记忆准确的人，比普通人更容易压抑和沮丧。所以，适度地让自己的记忆“失真”，保留积极的人生态度，这样我们才能轻装上阵从容而行。而对于那些“记忆准确”，活在痛苦中不可自拔的人来说，放松一点儿，美化一下以前的记忆未尝不可。印度哲学家吉达·克里希那穆提反复提醒我们：“请丢弃记忆，因为它是妨碍你自由前行的最大阻力。”所以活在当下，放眼未来很重要。

第3节

你的情绪，决定了你所看到的世界

西方精神医学将情绪分为两大类，即积极情绪和消极情绪。积极情绪是能使人感到欢欣喜悦的情绪，如兴奋、愉快、欢乐等；消极情绪又称为负性情绪，它会使人产生不愉快的感觉，如紧张、恐惧、愤怒、焦虑、抑郁、惊慌等。具有积极情绪的人精力充沛，做事果断，具有创造力，更容易获得他人的认可和尊重；具有消极情绪的人无精打采，社会行为退缩，总是关注自我从而不易获得他人的认可。人类并不是冷冰冰的机器，是具有感情的生物。一些研究表明，情绪会在很大程度上影响我们的认知。

人的一生中难免遇到各种各样的矛盾和问题，如压力过大、人际关系紧张、考试晋升失败、家庭矛盾、婚姻受挫、经济拮据、失去亲人等，这些问题都会使人产生焦虑、抑郁、紧张、恐惧、愤怒、妒忌、脾气暴躁等不良情绪。千万不要小看不良情绪，长期的不良情绪会启动我们对消极事件的回忆，我们的人际关系会变差，自我意象会下降，对未来的希望也会变得黯淡，甚至觉得他人充满了恶意。可以说，不良情绪唤起了我们内心那个消极的、不理智的“小恶魔”。为了消除持续性的不良情绪，人们往往寻求一些快速而富有刺激性的应对方式，如长期大量酗酒，久而久之形成酒精依赖或造成酒精中毒，导致人格改变，甚至做出伤人、毁物等违法犯罪行为。还有人为了摆脱烦恼，自行使用一些镇静药物或毒麻物品，导致心理依赖或成瘾综合征。

更可怕的是，不良情绪导致的压抑、暴躁、恐惧、焦虑状态还会使人生理功能紊乱，免疫力降低，从而罹患各种疾病，如高血压、糖尿病、冠心病、消化性溃疡、癌症等，或加速原有疾病的进一步恶化。英国一位学者对200名癌症患者进行研究后发现，其中150人曾在精神上受过创伤或存在长期忧伤苦闷的问题。《三国演义》中的“三气周瑜”中，诸葛亮就利用了周瑜性格暴躁、情绪容易激动的性格和心理特点，一次又一次地给他强烈刺激，导致周瑜三次错误判断后大败而归，最终气急病发而死。

不良的情绪对我们有这么大的危害，那么，我们应当如何调节自己的情绪呢？

1. 保持良好的心态

我们要以乐观、正确的态度对待人和事，首先要认识到世界上没有十全十美的人和事，不要过分苛求他人和自己。做事的过程中要竭尽全力，但不要过于执着于完美的结果。古人讲究“养生贵在养心”“全神息虑”“恬淡虚无”，就是说，我们要把人和事都看得渺小、淡泊一点儿，尽可能地减少私欲，生活就会过得恬淡顺遂。

2. 生活尽量积极充实

当自己情绪低落的时候，不妨鼓励自己去参加一些文体活动，比如，看一场电影或戏剧，阅读一些有意思的书籍，也可以去打球、爬山、游泳……从丰富多彩的活动中去领略和感受生活的乐趣，排解自己的消极情绪，不要放任自己陷落其中。

3. 学会肯定自己

疏泄消极情绪要学会赞美自己，不放过自己身上的任何一个闪光点，可以尝试以记日记的方式记录生活中的点滴快乐、幸福，或自己做得好的事情。注意，值得记录的并不都是大事，只要是让你觉得快乐、平静的，都值得记录。这样，你会发现生活中快乐其实很多，自己也有很多优点，从而变得越来越自信，越来越积极。

第4节

心态决定一切是真的吗?

詹森是一名运动员，他实力雄厚，训练成绩都很好，但是一到赛场上就连连失利，根本发挥不出平时的水平。他的教练反复比较、分析詹森训练与比赛时动作、心态上的差距，得出结论：詹森比赛的失利，主要是压力过大，过度紧张造成的。

心理学家把这种平时表现良好，但由于心态不佳而导致竞技场上失败的现象称为“詹森效应”。詹森效应在学生群体中比较常见——有些平时考试名列前茅的学生在大考中屡屡失利。细细想来，唯一解释只能是心理素质问题，主要是得失心过重和自信心不足。这些学生平时“战绩累累”，卓然出众，久而久之，形成了一种心理定式——只能成功不能失败；加之大考的紧张氛围，身边人的深切厚望，导致他们心理包袱过重。被如此强烈的心理得失困扰，怎能发挥出自己的真实水平呢?

在20世纪，西方学术界曾掀起了以心态对行为的影响为中心的研究热潮，最后得出结论：在以下条件下，我们的态度可以预测我们的行为——社会因素影响最小的时候，自我意识与预测行为紧密相关，心态对行为的决定作用更大。

首先，我们来设定一个社会因素影响最小的场景——某次不记名投票的选举。选举结果是A以绝对的优势当选。片刻后，评委宣布改为记名投票，最后的结果竟然发生惊天大逆转——并不出色但与活动赞助单位有千丝万缕联系的B以绝对的优势当选。这是因为记名投票扩大了社会对人的影响：投票者考虑到赞助单位的“人情”，尽量避免自己的“不识时务”，因此放弃没有后台，但非常出色的A，把票改投给与赞助单位关系不浅的B。所以，在社会因素面前，心态和行为之间，存在着弱相关。当社会影响变大，心态改变，那么行为也会跟着做出变化。当社会影响大到足够让人们放弃他们最深层次的信念时，人的心态就会彻底转变，行为就可能与之前截然相反。

其次，自我意识与行为紧密相关。1982年社会心理学家弗如明等人就用实验证明了这一点。

研究开始时，弗如明调查了大学生对体罚的态度，然后从中挑选出那些对体罚持反对态度并且认为其他人也会反对体罚的人，这些人就是内在自我意识较高的人。几个星期以后，让最初对他人表现出负性态度的大学生电击他人，以被试选择的平均电击强度作为因变量。

实验设置了三种情形：第一种，在被试者面前放了一面镜子（内在自我情景，放镜子是为了提高他们的自我认同）；第二种，被试者面前有少量的观众，这些人把被试者评定为有效的“老师”（这模拟的是公众自我情景，提高他们的公众自我意识）；第三种为控制组，既没有镜子，也没有观众评价。结果内在自我意识较高的一组比控制组的电击强度低，而公众自我意识较高的一组比控制组施加了更强的电击。

这个研究结果表明了人在不同的自我情景下会表现出不同的行为。这一结果可以被解释为内在自我情景下，被试者面对镜子时能够提高自我认同感，认识到自己的行为会对自己的形象和价值观产生影响，因此他们会更加谨慎和保护他人的立场；而在公众自我情景下，被试者面对观众评价时，可能会更关注他人的认可和社会评价，因此更倾向于表现出符合社会期望的行为，即作为“老师”，施以更高的电击强度。

这个实验结果进一步支持了社会心理学中的自我认同理论。自我认同理论认为，个体在社会情境中会尽力维持自身的一致性和积极形象，而为了保持自己的积极形象，人们会采取不同的行为，这对于我们理解人类行为和社会互动的心理机制具有一定的启示作用。

最后，心态的强烈程度，对行为的作用力不同。

一所医院招聘一位检验医生，在众多应聘者中，王医生脱颖而出。院长录用他，并不是因为他拥有多么权威的检验师资格证和丰富的工作经验，而是在面试过程中，王医生表现出了强烈的工作热情。院长觉得拥有这种热情、积极心态的人，肯定会在工作中有出色的表现。一年以后，王医生果然没有辜负院长的期望，成了检验科公认的技术骨干。

这个案例的启示是，热情和积极心态是一个人在工作中取得优秀表现的关键因素之一。当一个人对自己的工作充满热情时，他会更乐于投入时间和精力，不断学习和提升自己的技能，从而实现更好的工作表现。同时，积极心态也会对团队氛围产生积极影响，激励他人，并塑造出一个积极向上的工作环境。如果你想让你的孩子或者下属行为积极，那么就要增强他们的积极心态，多多给予鼓励和肯定，让他们树立积极的自我认同，即让他们发自内心地认为自己是积极努力的人，他们才会要求自己的行为符合自己的心态，才能更加热情和积极地工作和生活。

第 5 节

角色对了，一切就对了

“角色”这个词来源于戏剧，正如在戏剧里一样，那些处于特定社会特定位置，扮演社会特定角色的人，公众会期望他们表现出某些行为。社会角色是个体与其社会地位、身份相一致的行为方式及相应的心理状态，是对在特定地位的个体行为的期待，是社会群体得以形成的基础。在现代社会中，人们的角色是复杂的，一个人会同时扮演很多个角色。莎士比亚有一句名言把社会角色解释得非常到位：“世界是一个大舞台，所有的男男女女不过是舞台上的演员，他们都有上场的时候，也有下场的时候，一个人一生中会扮演许多角色。”我们在日常生活和工作中，扮演着多种截然不同的角色：在父母面前是儿子，在妻子面前是丈夫，在儿子面前是父亲，在朋友面前是哥们儿，在老师面前是学生，在领导面前是下属，等等。我们应当接受并适应这种变化，成功地扮演好各种角色，既要满足自己与身边人的需求，也要迎合社会的需要，这样才能获得更好的生存和发展空间。反之，如果一个人不知变通，固守一种角色，就会处处碰壁。

社会角色扮演的确是一门艺术，它要求我们在不同的社交场景中灵活地扮演适当的角色，并且能够认知和理解自己在其中的身份。

首先，社会角色扮演并不是死板的，而是允许我们在一定范围内有自由发挥的空间的。每个人都有不同的个性、价值观和经历，因此对同一个角色的理解和表现方式也会有所不同。通过自由发挥，我们可以在社会角色扮演中展现真实的自己。

在不同的时间、地点和条件下，社会角色扮演要求我们适应不同的环境和社交需求，以使我们能够与他人有效地交流和互动。这可能意味着在不同的场合中表达不同的行为、心态和情感。例如，在工作场合中，我们可能需要扮演专业、负责和自信的角色；而在家庭聚会中，我们可能更倾向于扮演亲情和温暖的角色。适应不同的情境和条件，可以使我们与他人更加和谐地相处，并更好地实现我们的人生目标。

然而，找准自己的身份和角色并不是易事。这将需要我们深入了解自己，包括了解自己的价值观、兴趣以及自己在不同社交场景中的表现方式。只有当我们清晰地认识到自己的身份和角色，并将其与具体的社交场景相匹配时，我们才能更好地与他人协调合作，避免冲突和误解。

当我们无法找准自己的角色时，可能会表现出“费力不讨好”的情况，因为我们无法与他人有效地沟通和互动。此外，如果表现不得体，可能会伤害他人并损害自己的形象和人际关系。因此，理解自己的身份和角色，以及在不同情境中合适地发挥，是在社交中取得成功和建立良好关系的重要一环。

下面，让我们以五个具体的场景为例，讨论如何扮演不同的社会角色。

1. 工作场景

在工作场合，你可以扮演专业、负责的角色，展示你的专业知识和技能，与同事和上级合作，遵守规定和职责，以实现共同的工作目标。你也可以展示自己的自信和领导能力，但要尊重他人的意见和贡献。

2. 社交聚会

在社交聚会上，你可以扮演友善、亲和的角色，与他人建立良好的人际关系，表现出开放的态度和兴趣，倾听他人的故事并分享自己的经验，保持积极的谈话和友好的笑容，尊重他人的空间和观点。

3. 家庭场合

在家庭中，你可以扮演关爱和支持的角色，与家人保持亲密的联系，关心他们的需求和感受，提供帮助和支持，展现温暖的情感，参与家庭活动并分享喜悦和困难。

4. 社会公益活动

在参与社会公益活动时，你可以扮演奉献和服务的角色，关注社会问题和弱势群体，提供帮助和支持，倡导公平正义和改善社会环境，展现你的关心和热心，与其他志愿者合作，以实现共同的公益目标。

5. 学术或专业会议

在学术或专业会议上，你可以扮演专家或知识分享者的角色，展示你的研究成果和专业知识，参与讨论和交流，并促进学术或专业领域的发展，表现你的批判思维和创新想法，与其他专业人士共同探索解决问题的途径。

现实生活中的社会场景不胜枚举，但无论何种场景，重点都是理解和尊重这一场景中他人的期望和需求，并积极应对，与他人建立良好的关系，并实现共同的目标。每个场景都有其独特的要求和挑战，我们要不断学习和成长，不断提升自己在不同社会角色中的表现能力。

第6节

我们到底为什么会“做好事”？

所谓的“做好事”，在心理学上就是利他行为。利他行为是对他人有好处，没有明显自私动机的自觉自愿的行为，具有以帮助他人为目的、自愿、不期望有精神或物质的奖励等特征。现实中的利他行为有很多，如为他人指路、营救落水者、赈灾义演、自愿献血、做志愿者等。

由这些具体行为，我们可以总结出利他行为具有以下特征：以帮助他人为目的；不期望有精神或物质的奖励；自愿；利他者可能会有所损失。为什么人们会有这种高尚而纯粹的利他行为？我们可以从社会心理学角度进行分析。

1. 获得回报

有人立刻会跳出来说，前面不是说利他是不期望有精神或物质的奖励吗？是的，但此回报非彼回报。根据心理学上的行为帮助理论，帮助行为会使施与者和接受者同样受益。我们常说的“赠人玫瑰，手留余香”就是这个道理。帮助行为能够提升我们的自我价值感，使我们获得自我内部回报。

2. 避免惩罚

如果一个人做了错事，就会更愿意为他人提供帮助，以通过这种方式消除内疚感和维护自我形象。这种行为被称为道德修复，同时，这种行为也可以被视为一种自我保护机制。因为人们往往关注自己的社会形象和声誉，希望他人对自己持有正面的评价和观感，所以人们企图通过提供帮助来修复可能因自己的错误行为而遭受损害的自我形象，同时提升自己的道德感。

3. 进化理论

在自然选择过程中，有利他天性的基因更容易使他们的物种存活下来。利他天性是指个体对他人的利益和福祉表现出关注和奉献的倾向。这种行为可能包括亲情关爱、合作、互助、共享资源等。当一个个体具有利他天性时，它倾向于为其他个体提供帮助和资源，为整个物种的生存和繁殖成功做出贡献。

在自然选择的过程中，利他行为可以提供多种优势。首先，它有助于建立强大的社会结构和互惠关系，促进合作和共同利益。例如，具有互助和分享资源习惯的群体存活下来的概率更大，因为他们可以分享食物、提供保护和支持。

其次，利他行为可以增加个体的声望和社会地位，使其在群体中更受尊重和信赖。这可能带来更多的生存和繁殖机会，因为其他个体更愿意与受人尊敬和信任的个体合作或繁殖。

最后，利他行为对于物种的长期生存和进化也起到了重要作用。通过利他行为的传递，有利的基因可以在物种中得到传承，并为后代提供更高的适应性。当物种中大量存在具有利他天性的个体时，整个物种将有更强的团结力和适应能力，更有可能在艰苦的环境中存活下来。

4. 共情

共情是达到熟人与生俱来的，一种能深入他人主观世界，了解其感受的能力。我们对受助者产生共情时，就会对受助者的痛苦产生共情，“怜我世人，忧患实多”，共情驱使着我们去帮助他人。

以上四点就是“助人为乐”背后的内在驱动力。我们在生活中常常会发现，助人为乐的内在驱动力不仅是自然选择的一个结果，也是我们作为人类的基本本能和优点之一。我们在助人的过程中，能够体验到一种满足感和幸福感，这种感觉同时满足了我们个体的需求和整个社会的需要。

第六章

练出超级记忆力

第 1 节

记忆是与遗忘的斗争

1. 健忘是怎么回事?

健忘是大脑的思考能力（检索能力）暂时出现了障碍，所以导致记忆力差、遇事易忘，医学上称之为“暂时性记忆障碍”。虽然同样是忘记某件或某些事情，但遗忘和健忘大不相同：首先，两者对记忆信息的保存时间不同，遗忘是过了很长时间才忘记，而健忘是短时间内就会忘记，可能信息在记忆中只存在了一瞬间；其次，遗忘是忘记的信息再也想不起来了，而健忘是暂时忘记了某些信息，之后可能还会想起来。

根据健忘的程度不同，曾刊登于英国《每日邮报》的一项研究结果，将健忘分为3个等级。

· 正常情况：想了几分钟才记起停车地点；突然想不起某种东西的名字；忘记给朋友回电话；将东西刚放在某处，就找不到了；忘了前一天朋友告诉你的一件琐事。

· 轻度健忘：忘记关系密切的亲戚或朋友的名字；发现自己弄

错了做事的顺序，如开门后忘记拔掉钥匙就锁门等；不能认识他人的面孔；重复半小时前刚问过的问题；性格变化，如一向爱交际的人突然变得沉默等。

· 重度健忘：想倒杯茶，却没意识到已经有一杯了；忘记孙子名字，但是有关他们儿时的记忆却非常鲜活；分不清家庭成员关系或不认识家人；判断力出现严重问题，如夏天穿上大衣等。

每每说到健忘，我们通常想到的都是白发苍苍的老人，但如今健忘已经不再是老年人的专利，许多年轻人也常会因为健忘影响正常的生活和工作。《网民健康状况白皮书》的调查结果显示，在我国1.62亿网民中，有健忘、注意力不集中等问题的人，居然占到了70%。在触目惊心的数据背后，我们发现了健忘症呈低龄化发展这一现象。有专家预言，随着日益激烈的社会竞争和快节奏的工作、生活，这一问题可能还会加剧。

作为年轻人，我们除了要接受这种现实，还要弄清楚其原因。究竟是什么原因导致年轻人患上健忘症的？专家表示，诱发年轻人患上健忘症的主要原因是不良的生活习惯，如长期熬夜加班、抽烟、酗酒等。不过值得庆幸的是，轻度健忘症是可以恢复的。治疗健忘症，没有立竿见影的特效药。我们只能通过改掉不良生活习惯、科学饮食、坚持运动和调整压力等方式进行综合治疗。

2. 艾宾浩斯记忆曲线

遗忘每时每刻都在上演，你是否想过了解遗忘的规律？其实，遗忘的规律一直是众多科学家关注和研究的热点，而其中以德国著名心理学家艾宾浩斯的研究最为著名，他是第一个通过实验方法来研究遗忘规律的人。

有记忆才有遗忘。要研究遗忘规律，首先得了解记忆，需要有记忆材料。如果以单词等有意义的刺激作为记忆材料的话，记忆的表现将与被测试者单词的熟悉程度或者对单词间建立联系的能力有着直接关系。为了减少影响，艾宾浩斯发明了无意义音节，即由两个辅音和一个元音构成的无意义音节，如“CEG”“ROK”“TIS”等。

艾宾浩斯以自己为试验对象进行了实验。他用机械记忆记住了13个无意义音节，并测试了在不同时间间隔下，自己所能回忆起的音节数量。

艾宾浩斯将测试结果记录下来，做成了如下表格。

时间间隔	记忆量
刚刚记忆完毕	100%
20 分钟后	58.2%
1 个小时后	44.2%
8 ~ 9 个小时后	35.8%
1 天后	33.7%
2 天后	27.8%
6 天后	25.4%
1 个月后	21.1%

在这之后，艾宾浩斯又用不同的材料（诗歌和散文）进行了对比试验，并根据测试结果绘制出了著名的艾宾浩斯遗忘曲线。

艾宾浩斯的研究结果告诉我们：遗忘是在学习之后即刻开始的，并且遗忘的速度是不均匀的，不是“唰”的一下全忘了，也不是固定的今天遗忘一部分，明天再遗忘一部分。而是在记忆的最初阶段遗忘速度很快，之后逐渐变得缓慢。这对我们有什么指导意义呢？仔细观察上面的表格，就会发现，我们所记忆的内容，如果没有及时复习，在一天后就只剩下原来的33.7%。对于这一点，相信我们在日常的学习和生活中，肯定深有体会。例如，在课堂上，老师讲的知识点当时听懂了，也理解、记住了，但如果没有及时复习，几天之后就又搞不懂了。再如，阅读晦涩难懂的专业书籍时，由于花费的时间比较长，看到后面的内容时，我们常常想不起前面的内容。所以，在阅读这类书时，很多人习惯将前一天读过的内容复习一遍之后，再开始阅读新的篇章。

如果我们想要获得精确而牢固的知识，就需要多花一些时间来复习，如果缺少复习，就会导致所学内容迅速被遗忘。一般来说，常用的复习方法有如下三种。

（1）及时复习。遗忘的速度是先快后慢的，所以，在我们学习、接受新知识后，越是及时复习，所花费的时间就会越少。及时复习，能够起到事半功倍的效果。

（2）“过电影”回忆。在晚上休息之前，我们可以花一些时间，把当天所学习的知识像看电影一样，在脑海里过一遍。对于模糊不清或根本回忆不起来的知识，第二天再针对性地进行复习。这样做，能够有效地避免遗忘。

（3）寻找要点。在复习的过程中，寻找知识中的要点，抓住要点也就等于抓住了问题的主干。

第 2 节

记忆原来可以很简单——限时记忆方法

同样一件事情，在规定完成期限和未规定完成期限的两种情况下，完成效率会相同吗？经验告诉我们：当然是不相同的。在没有规定完成期限时，我们有可能就会为自己寻找各种“借口”：“反正还有好多时间，不差这一天半天的”“今天太累了，明天再做吧”。然而，一旦规定了时间期限，情况就会大不相同，我们会克服各种困难，甚至不惜加班加点，也要努力在规定的时间内完成任务。

为什么会这样？这是因为人人都有惰性心理。在未规定完成期限时，我们的时间观念往往不强，会为自己寻找各种偷懒的理由；而在规定完成期限后，我们完成任务的愿望就会战胜偷懒的念头，做事效率也会提高。事实上，这种“懒”不仅仅会表现在行动上，在记忆时也会出现。例如，需要记忆一段材料时，我们常常找尽各种理由拖延：“这段材料太难了，应该趁早晨头脑清醒的时候记忆，今晚就先休息吧”“今天头疼，不适合背东西”。对于这种情况，最好的解决方法就是限时记忆。

1. 什么是限时记忆方法？

顾名思义，限时记忆方法就是在一定的时间内，完成一定量的识记任务。比如，在等候地铁时，规定自己在车来之前的两三分钟里，记住广告牌上的电话和地址；每天晚上睡觉前，用半个小时记住30个英文单词；利用午休时间，背诵一篇古诗词……因为规定的记忆时间往往比较短，所以，限时记忆方法又叫作瞬时记忆方法、快速记忆方法。

很多人通过限时记忆方法大大提高了自己的记忆力，而马鸿旭就是其中一位。

2013年，某卫视推出过一档名为《天才知道》的电视节目，这是为大学生量身打造的大型益智类节目。节目第一季的冠军是武汉大学的马鸿旭同学，在总决赛最关键的记忆题环节，他成功击败对手，从而获得了冠军。

为什么马鸿旭的记忆力会这么好呢？这与他小时候的经历分不开。据介绍，马鸿旭从小家教甚严，父母要求他每天放学回家完成作业后才能吃饭。即使家里来了客人也不能例外，这使马鸿旭养成了对待任务的紧迫感。后来，马鸿旭的这种对任务的紧迫感已经演变成了“虐待”自己。这种“虐待”主要体现在记忆上。

马鸿旭有一段时间总觉得自己记东西太慢，为此，他自创了“暴力记忆方法”，即强迫自己记忆，如每天放学回家的路上，把路过的汽车车牌号按顺序背下来。在大学期间，马鸿旭的成绩一直保持领先，概念课考试更是在90分以上，这完全得益于他自创的“暴力记忆方法”。马鸿旭的“暴力记忆方法”与限时记忆方法的精髓是相同的，都是在较短的时间内完成记忆任务。很显然，通过“虐待”式的训练，马鸿旭拥有了超强的记忆力。

2. 限时记忆方法促进记忆的原因

虽然有马鸿旭成功的事例在前，但仍然有不少人会对限时记忆方法有所顾虑：我记忆力并不十分好，利用一段较长的时间来记忆某些材料都比较困难，在短时间内怎么可能完成记忆任务呢？换句话说，为什么我们能在限定的时间内完成记忆任务呢？原因主要有两点。

第一，有了时间限定后，我们的有意识记忆会增强。一旦有了时间限制，我们大脑中那种偷懒的念头就会消失，取而代之的是“一定要在规定时间内记住它”的意识，并且迅速进入高度兴奋状态。这时，有意识记忆就会增强。

第二，有了时间限定后，我们的注意力会高度集中。良好的注意力，是大脑进行感知、记忆、思维等认识活动的基本条件。俄罗斯教育家乌申斯基曾精辟地指出：“注意力是我们心灵的唯一门户，意识中的一切，必然都要经过它才能进来。”采用限时记忆方法，注意力会高度集中，这在无形中会提高记忆效率，避免浪费时间。

从表面上看，限时记忆方法看似具有一定的强迫性，但它确实能够充分调动记忆的积极性。如果我们能够每次都在较短的时间内完成记忆任务，便会从中受到鼓舞，从而增强自信。所以，在需要记忆或背诵某些内容时，我们不妨给自己一个时间限制，或许会取得意想不到的效果。

第 3 节

记忆也可以很有趣——改编口诀记忆法

在文字发明之前，人们之间传递消息靠的是口耳相传。那时候的人们是如何让自己将消息记得更牢固的呢？其实，这种办法在非洲某些原始部落仍然存在着。由于没有文字，部落之间需要传递消息时，就会找人专门把消息背下来，到了另外的部落再复述出来。由于两个部落间的距离比较遥远，往往要走上十天半个月才能到达。传消息的人为了不遗忘消息内容，就会将其编成押韵的歌谣来记忆。

这种记忆方法就是我们通常所讲的口诀记忆法，或歌谣记忆法。顾名思义，就是将所记内容编成歌谣、民谣或顺口溜等来记忆。而口诀记忆方法之所以能让记忆这件事变得简单，是因为它将所要记忆的内容进行了分组，降低了记忆难度。

心理学研究表明，我们是以"组块"为单位进行记忆的，因此如果把记忆材料分成适当的组块，就能够有效地提高记忆效果。另外，口诀记忆方法还可以将枯燥、杂乱无章的记忆材料变得有趣、有逻辑，从而减轻大脑的负担。在日常学习和生活中，口诀记忆运用得很广泛，比如，我们熟悉的九九乘法口诀、英文字母歌、珠算口诀、二十四节气歌等。

1. 编口诀的5个方法

（1）罗列法。罗列法是将内容较长的、知识点较多的记忆材料以朗朗上口的歌谣或诗词等方式罗列出来。下面的中国地形口诀，采用的便是罗列法：

中国地形种类多，五种地形相交错。西高东低呈梯形，地形骨架像网格。

青藏高原处西南，四川盆地卧中间；西北塔里准噶尔，带状分布三平原。

（2）发掘特征。在汉字中，有很多形似的汉字，为了便于区分和记忆，我们可以发掘这些汉字各自的特征，并将此编成口诀。比如，己、已、巳几个字容易混淆，便有一个这样的口诀："堵巳不堵己，半堵是个已。"

（3）前后对比。也可以用前后对比的方法来编口诀。例如，要记忆数学中的完全平方公式：$(a+b)^2=a^2+2ab+b^2$。为了不与其他公式混淆，我们用记忆口诀来记它："首平方，尾平方，首尾两倍在中间，二项符号看前面，它们两个都一样。"

（4）顺序概括。仔细观察就会发现，在很多的记忆内容中，其实都存在着一定的顺序。比如，一篇人物传记的文章，可以按照主角学生时期、创业初期、创业成功等时间顺序来对内容进行概括。在回忆时，只要想到关键字，即可回想起全部内容。

（5）字头概括。顾名思义，就是先找出内容里的关键词句，然后将它们串联起来进行记忆。如“一线城市有北京、上海、广州、深圳”，可以概括为“北上广深”。这种方法简单易学，方便好用。

2. 改编口诀五大注意事项

“纸上得来终觉浅，绝知此事要躬行”，要熟练掌握编口诀记忆方法，还需要我们在实际学习和生活中多加运用。在运用时，我们需要注意以下五点。

（1）并不是所有的记忆内容都要编成口诀。一般来说，可以将那些重要的、有规律的，或者能够条理化的内容编成口诀进行记忆。

（2）先概括要点，再编口诀。面对一段需要记忆的内容，应该先认真理解内容的含义，把要点概括出来，使之条理化，然后再编口诀。

（3）语言简练，最好能够押韵。在编写口诀时，要尽可能做到语言准确、简练，最好能够押韵。如果不能押韵，也要使用比较整齐、对称的词语结构排列起来。这样读起来能够朗朗上口，容易背诵和记忆。注意，编口诀不可生搬硬套，导致最后编出的口诀连自己都看不懂，反而给记忆增加负担。

（4）抓住关键内容。在编写口诀时，要抓住关键的记忆内容。同时，要注意尽量简短，避免过长，否则会增加记忆的难度。

（5）最好自己编写。在记忆时，我们会发现这样一个现象：有的时候，即便有现成的记忆口诀，但记忆起来还是比较困难的。其原因就是口诀不是自己整理的。如果是我们自己整理的口诀，在整理过程中，记忆内容就已在大脑中留下深刻印象了，背诵起来自然得心应手。

第4节

记忆可以很形象——图像记忆法

图像记忆方法，是指通过联想的手段，将想要记忆的信息与具体的图像结合起来，以增强记忆效果的方法。这是一种基于视觉联想和想象力的记忆技巧。通过把要记忆的信息转化为生动、有趣、易于想象的图像，可以帮助我们更好地记忆和回忆。而这种记忆方法，比起传统的声音刺激记忆，效率要高3～10倍。

为什么图像记忆方法的效率会这样高呢？这还要从我们大脑的运行和记忆规律说起。相信大家在记忆时都会有这样的经验：当提到某个事物时，我们大脑中出现的首先是这个事物的具体形象，而不是抽象的字。例如，提到“马”时，我们的脑海中大多数情况下都会出现一匹活生生的马，它可能拥有光滑的毛发、挺拔健壮的身躯，没准儿还在嘶叫、奔跑或者悠闲地吃着青草，而不是抽象的、一动不动的“马”字。这是因为我们的大脑更易于记住那些具体的、生动的、有动感或是夸张的画面，而对于抽象的概念，记忆则要慢得多。

另外，在学习和生活中，我们普遍使用左脑进行文字类的记忆。但左脑不仅记忆容量小，而且记忆速度慢，所以记忆效果并不好。然而，我们将文字转化为图像后，等于是在利用右脑帮助记忆，如此一来，记忆效率自然会高很多。

那么，我们如何利用图像记忆方法进行记忆呢？概括来讲，就是把需要记忆的文字、数字、英文等材料，通过联想和想象，全部转化为形象具体的图像，然后再进行记忆。宇宙间万事万物纵然千差万别，但任何事物都不是孤立存在的，相互间总会有千丝万缕的联系，只不过有些联系是直接的，有些是间接的。图像记忆方法运用的就是这些联系，由A想到B，再由B想到C……不断地联系，形成记忆网，然后再形成具体的画面或场景。

现在，我们运用图像记忆方法来记忆一串数字序列——836492，首先，我们可以将每个数字转化为与其形状或发音有关的图像：

8——想象成一个带圆圈的眼镜；3——想象成弯曲的身体；6——像一条滑雪坡道或者一截弯曲的蛇形轨道；4——想象成一个帆船的帆；9——想象为一个气球，底下系着一根绳子；2——想象成白鹅浮在水面上。

现在，我们可以将这些图像进行组合，并想象相关的情境：一个戴着眼镜的人在一条弯曲的滑雪坡道上滑行，并从气球上方经过，最后停在一条河旁边，河边停靠着一艘五彩的帆船，还可以看到美丽的白鹅在河面嬉戏。

这个情景中的物体和动作与数字序列中的数字图像相关联，可以帮助我们记忆这个数字序列。通过反复想象和回忆这个图像情景，我们能够加深对数字序列的记忆，同时也增加了记忆的趣味性和生动性。

图像记忆方法需要形成图像，同时更需要联想。联想就是把新旧知识打成结、连成网，从而形成多个图像和画面。旧知识积累得越多，则新知识联系得就越广泛，越容易产生联想，越容易形成有趣的画面，从而记住更多的新知识。所以，多记忆，画面和场景就会容易形成，记忆的大网才会越“结”越大，越“结”越结实。

第 5 节

记忆可以很顺畅——谐音记忆法

谐音记忆是通过读音的相近或相同把所记内容与已掌握的内容联系起来进行记忆的方法，谐音是这种方法记忆的窍门，核心在于利用需要记忆的内容之间的读音相似性或谐音关系来增强记忆效果。谐音记忆的步骤如下：

首先，明确要记忆的信息，可以是单词、词组、名字等。然后找到与要记忆的内容读音相似或者相同的其他已掌握的单词或词组。接着将要记忆的内容与已掌握的谐音词进行联系，可以将它们放在一起想象或者用联想的方式创造出与谐音词相关的图像或场景。最后反复回忆这个联想的场景或图像，加深对所记内容的印象。

比如，记忆“战国七雄”的地理方位，可以编成歌诀来进行记忆：“齐、楚、秦、燕、赵、魏、韩，东南西北到中间。”再如，记忆“五代十国”的名称，则可以编为：“五代——梁、唐、晋、汉、周，前面加上后。十国——南、北、汉、闽、楚、吴，南唐南平前后蜀，还有吴越勿疏忽。”

就连枯燥的物理知识，也可以用谐音记忆法来记忆。谐音记忆方法可以化“难”为“易”，将看起来枯燥的物理知识变得诙谐幽默起来。

在摩擦起电现象中，与丝绸摩擦过的玻璃棒带有正电，而与毛皮摩擦过的橡胶棒则带有负电。在记忆这个知识点时，很多人容易出现混淆。其实，可以利用谐音将其记作“拨正”（玻正）、“胶布”（胶负），就可以有效避免张冠李戴的问题。

宇宙速度的3个数值，也可以利用谐音记忆方法进行记忆。

v1=7.9千米/秒，可谐音记作“吃点酒”；v2=11.2千米/秒，可谐音记作“要一点儿”；v3=16.7千米/秒，可谐音记作“要留点吃”。

为什么谐音记忆方法能够帮助人们快速记忆呢？这是因为它能够把枯燥无味、缺乏联系的记忆材料变得流畅易记、轻松有趣。其实，谐音记忆的好处远不止如此，恰到好处的谐音记忆，还能够激发我们对于学习兴趣和创造精神，使识记内容牢牢地“印”在我们脑子里。谐音记忆方法适合记忆哪些内容呢？

1. 记忆数字和年代

数字一直是很多人的记忆“难点”，因为在它们之间不易找出有意义的联系，如历史年代、统计数字等。但如果在记忆数字材料时，我们能够利用谐音为其增加某种外部联系，记忆起来就方便多了。

在很早之前，有一家出租汽车的公司，他们的电话为778888。为了让人们能够轻松地记住这个电话，这家公司在广告词里这样写道："汽车汽车，叭叭叭叭！租赁电话778888。"

2. 记忆零散的知识点

在学习和工作中，我们有很多零散的知识点需要记忆。但常常会顾此失彼，记住了这个，却忘记了那个。对此，我们可以试着用谐音记忆方法来记忆。例如，物理电功的公式"W＝UIt"，可以用谐音法这样来记："大不了，又挨踢。"

这种方法可以有效地将抽象的知识点转化为有趣的图像或句子，帮助我们更容易地记忆和回忆。通过反复回想和运用这种口诀，可以强化对物理电功公式的记忆，并减少混淆和遗忘的可能性。

我们在前面介绍了多种记忆方法，在学习时，如果我们能将谐音记忆方法同其他记忆方法结合起来运用，记忆效果会更好。

第6节

记忆可以很神奇——定位记忆法

定位记忆方法，是将一定秩序的事物引申出来，用作记忆的“桩子”，并将其和需要记忆的内容建立联系，又称为定桩记忆方法、栓钉记忆方法、挂钩记忆方法、编码记忆方法或信箱记忆方法。

一般来说，当遇到大量需要按照顺序记忆的信息时，图像记忆方法就失去了价值。这个时候，我们就可以尝试运用定位记忆方法。定位记忆方法相当于在我们的大脑中创建了许多分类整理好的“记忆文件夹”。在面对大量记忆信息的时候，只需将信息分类后放进相应的“文件夹”中，回忆时就能够准确无误地将所需信息提取出来，还可以避免因为信息过多而造成的记忆混乱。

定位记忆方法的类型有许多种，如地点定位记忆方法、生肖定位记忆方法、身体定位记忆方法、汽车定位记忆方法等。而无论是哪种定位记忆方法，都需要遵循以下两个步骤。一是建立顺序清晰的“桩子”，即在大脑中建立起用于存放记忆内容的“记忆文件夹”；二是联系，即将需要记忆的内容与“桩子”一一建立联系，也就是将记忆内容一个一个地装进“记忆文件夹”中。

在实际操作过程中，我们该如何应用房间定位记忆方法呢？有以下五个步骤。

1. 选择定位场所

定位场所一定要选择我们非常熟悉的地方，以确保即使我们没有身在其中，也能将其在头脑中再现。例如，我们可以选择卧室、书房、厨房或者每天工作的地方。请记住：我们对定位场所的细节再现越鲜明，就越能有效地记忆。

2. 找出特征明显的物品作为“桩子”

在选好定位场所之后，我们要将该场所中特征明显的物品一一找出，作为记忆的“桩子”。比如，以书房为例，其明显的特征物有：门、书柜、书桌、台灯和空调，我们可以将这5种物品作为“桩子”。需要注意的是，在选定“桩子”时，我们要按照一定的顺序，如逆时针或顺时针、从上到下或从下到上等。此外，如果房间中出现了重复的物品，我们只需要将第一个设为“桩子”即可，其他的忽略。否则在记忆时，出现了相同的“桩子”，容易导致混淆。

3. 把定位系统牢牢印在脑中

我们已经设定好了记忆的“桩子”，即定位系统，它们依次是门、书柜、书桌、台灯和空调。现在我们需要做的就是熟悉这套记忆系统，不妨闭上眼睛，平静地回忆这套定位系统。

4. 联系

将需要记忆的信息通过联想法一个一个地联系在这条定位线索上。在回忆的时候，我们只要想到房间里的某个“桩子”，便能相应地想起记忆内容。而在将记忆内容与“桩子”进行联系时，越是生动的、有趣的联系，越是容易记住。同时，我们不能只进行文字上的联结，还应该让相互联系的场景在我们的大脑里展现出来。否则，虽然能达到短期记忆的效果，但对于长期记忆而言是没有太大帮助的。

5. 参观定位

作为初学者，联系结束并不意味着已经完成了记忆任务。我们还需要进行复习，在脑海中反复记忆。

现在，请合上书，将定位系统与记忆内容在脑海中回忆一遍，看看是否能够完整地回忆出来。如果出现问题，也不用过于紧张，但是一定要找出原因，以便在之后的练习中不断完善。

定位记忆方法既要设定定位系统，又要建立联系，初学者可能会感到比较复杂。但当我们能够熟练地运用时，便能够体会到这套方法的优点。所以，我们一定要勤加练习、多多运用。

第七章
爱情中的心理学效应

第 1 节

心理学，让你的爱情更甜蜜

爱情心理学是研究男女恋爱中的心理现象及其发生与发展规律的科学，即探讨男女如何获得美好的爱情及如何维持稳定婚姻的心理规律。

在探究这一点之前，我们首先需要弄清楚什么是爱情。古语有云，万物皆有情，亲情、友情、爱情，从古至今就是个人感情生活的重要组成部分。在这三种感情中，最让人头疼和捉摸不透的，莫过于爱情。自古以来，痴男怨女“为情所困”的例子数不胜数，由此可见，爱情有时候真的是一件很让人苦恼的事情。

“他是对的人吗？”“他真的爱我吗？”“我们之间的感情是真正的爱情吗？”类似的问题每天都在人们的心底涌现。对于处在这个快速发展时代中的男男女女来说，爱情就像是美好的乌托邦，近在眼前又远在天边。

这时，爱情心理学的作用便得以显现。因为如果人们可以恰当地运用爱情中的心理学，就能更好地把握爱情，使自己的爱情之路走得更顺畅。

爱情是一种很微妙的感情，它是复杂而又无法预测的。之所以这么说，是因为人们根本不知道自己会因为什么爱上一个人，又会因为什么而变得不再爱一个人。

许多人耗尽一生，不过是想找一个懂自己、爱自己的人，可是在寻找真爱的这条路上，大部分人都走得很坎坷，甚至可以说是四处碰壁。这时，爱情心理学就该派上用场了，你可以利用它找到自己想要的爱情。

虽说心理学也不是百分之百适用的，但只要运用得当，绝大多数人的感情问题都可以找到答案。因此，爱情心理学在心理学领域一直占据着重要地位。它可以帮助人们更好地理解爱情的意义，从而让自己和伴侣都获得更美好的感情体验。

爱情心理学不是单纯地让我们作为旁观者去讨论他人的感情，更重要的是让我们看懂一个个爱情故事背后的心理因素。它探索人类在爱情中的情感、行为和决策的心理机制，揭示了我们为什么会产生特定的情感和行为，以及为什么我们会做出特定的选择。

吸引力和选择：爱情心理学研究了吸引力的心理机制以及人们在选择伴侣时所考虑的因素，包括外貌、性格特征、社会地位、共同的兴趣爱好等。研究还发现，人们更倾向于选择与自己在各种方面相似的伴侣，这被称为“同质性偏好”。

爱情的起源和恋爱过程：爱情心理学探究了恋爱过程中的心理变化，如初恋的感觉、浪漫的激情、亲密关系的建立等。这些过程受到神经化学物质（如多巴胺、催产素等）的影响，它们会引起我们的情感反应和行为变化。

依恋：爱情心理学关注人与人之间的依恋关系。研究发现，人们的依恋风格会影响他们在爱情中的行为和期望。例如，安全依恋风格的人更容易与他人建立亲密关系，而回避依恋风格的人则更容易保持独立和距离。

冲突和分歧：爱情关系中难免会出现冲突和分歧。爱情心理学研究了冲突的产生原因、处理方式以及受分歧影响而产生不同决策的过程。了解这些因素可以帮助人们更好地解决问题、改善关系或做出正确的决定。

第 2 节

爱情中的心理学效应

1. 契可尼效应：得不到的才最想要

你是否经历过，或者正在经历一段“被分手”的感情，并且沉溺其中无法走出来？你是否依旧对某一段已经成为过去式的感情念念不忘，总想着如果可以重来，就把这段无疾而终的感情继续下去？

如果两个问题的答案都是肯定的，那么你很有可能掉进了契可尼效应中。契可尼效应又称蔡格尼克效应，是由德国心理学家蔡格尼克发现的。这是一种记忆效应，指的是人们对于未完成的事情，比已经完成的事情往往印象更深刻。

而这个理论对应爱情中的行为，便是“得不到的才是最想要的”。一个人因为当初没有得到自己想要的结果，于是念念不忘，一直放不下，即使知道已成定局，也没办法说服自己接受这种结果。

2. 木桶原理：感情中的“隐形杀手”

你听过“木桶原理”吗？这是经济管理领域的一个概念，大意是说一只木头水桶能盛多少水，并不取决于桶壁上最长的那块木板，而是取决于桶壁上最短的那块木板。这个原理看似与爱情毫不相关，但细想起来，爱情中两个人的关系不正像一只巨大的木桶吗？个人的短板往往是影响爱情结果的关键，因为劣势部分总是能决定结果。恋爱刚开始的阶段，人们受到身体各种激素的影响，对对方总是充满激情和新鲜感，几乎可以包容对方的一切，就连对方的坏脾气和其他小缺点，都是那么有趣。可是当恋爱进入平淡期，新鲜感早已荡然无存，对方的缺点便不再有趣，甚至会成为爱情道路上最大的“拦路虎”。

3. 过度依赖：爱情中的不对等

当放置在天平两端的物体重量一致时，天平就会保持平衡；反之，如果重量差距过大，重的那一边就会沉下去。一个小小的实验，却隐藏了一个爱情中很多人都知道却常常忽视的道理——不对等的感情最让人感到疲惫。在不对等的爱情关系中，一方可能在情感或物质上更加依赖对方。这种依赖会导致一个人对关系的不平衡感和不安全感，因为他们可能感觉到自己在关系中没有足够的自主权和独立性。

依赖的一方可能会感到他们在关系中没有足够的自主权和独立性。他们可能会感到自己的意见和决策受到了束缚，需要始终依赖对方的决策和选择。这可能导致他们感到无法自主地塑造自己的生活和关系。对于被依赖的一方，他们则可能在不对等的爱情关系中感受到过重的责任和压力。他们可能感到自己需要时刻满足对方的需求，并承担更多的责任和负担，缺乏个人空间。

4. 七年之痒：到底“痒”在哪儿？

爱情需要不断地保持新鲜感，因为一旦失去新鲜感，就会面临很大的问题，其中最常见的问题便是“七年之痒”。

激素可能在七年之痒的心理现象中起到一定的作用。研究表明，在婚姻关系中，激素水平的变化可能与夫妻之间的情感和性吸引力有关。新婚时期，促进亲密关系的激素如催产素和多巴胺水平较高，然而，随着时间的推移，这些激素水平逐渐降低，夫妻之间的亲密感和浪漫情绪便会随之减退。

另外，从心理学的角度上说，婚姻中的热情和新鲜感可能在相处数年后逐渐减退，代之而来的是生活的重复和惯性。这种状态下，夫妻双方可能感到厌烦和倦怠，对婚姻产生疑虑。在婚姻中，个人的自我认同也可能会随着时间的推移发生变化。人们可能会重新审视自己的需求、价值观和生活目标，这可能导致对婚姻关系中的不满和不确定感。长时间的亲密相处可能会带来更多的沟通和冲突，婚姻中的一方在七年之后可能发现自己的个人成长和发展受到限制，他们可能需要寻求个人空间和独立性，因此会引发对婚姻的怀疑。

5. 投射性认同：你该如何爱他人

爱情中，我们常常在不知不觉中对另一半怀着一些期许，甚至有时自己都意识不到——我希望他能懂得我所有的喜怒哀乐，了解我的喜好，接受我的小脾气，猜得到我的小心思……倘若对方没能成为我们想象中的样子，失望就会一点点累积，长此以往，爱情就会慢慢变质，直至消失。

其实，这种想法是不对的。爱情虽然是双方互相靠近，超越物理距离的感情，但在这个过程中，每个人都是独立的个体，我们不应该将自己的想法强加于对方身上，强迫对方变成我们期望的那个样子。

向往自由是人类的天性，爱情在让人感到甜蜜的同时，也可能会给人带来束缚感。有时我们会把自己的想法和喜好投射到对方身上，希望对方做到我们所希望的那样，这种想法，就是典型的投射性认同。投射性认同在情侣间普遍存在，尽管很难令人察觉，但是它会一点一点消耗掉对于伴侣的认同，损耗两个人之间的感情。那么，如果恋人之间出现这种投射性认同时该如何解决呢？答案很简单——及时沟通，既然投射性认同的起因是一方有所求，那么，通过及时的沟通，了解对方的诉求，及时解决，危机就可以得到化解，感情也能安然无恙。

第3节

不合适，才是我们最大的敌人

在爱情关系中，个体之间的合适性是至关重要的，包括价值观、兴趣爱好、目标和期望的匹配程度等方面。当两个人的核心需求和期望不一致时，可能导致潜在的冲突和不满意。两个人不合适的情况有很多，如三观不合、性格不合，抑或生活习惯不合等，这些都有可能成为这段感情的“隐形杀手”。不合适的关系可能造成一系列问题，如频繁争吵、沟通障碍、不共享的利益和目标、性格不兼容等。这些问题会逐渐累积，导致恋人、夫妻间的疏离和不信任，破坏关系的健康发展。

当面临不合适的关系时，重要的是识别和接受现实。有时，人们会一味地相信他们可以改变对方或情况会自然而然地改善，但这可能是不现实的期望。在这种情况下，继续维持不合适的关系只会导致更多的痛苦和困扰。

萌萌和男朋友的性格刚好互补，即一个喜动一个喜静：萌萌喜欢参加各种聚会，也喜欢和好朋友待在一块儿；男朋友平时却喜欢宅在家看书、玩游戏。由于萌萌的工作比较轻松，因此家里的很多事都是萌萌在操持，而男朋友经常需要加班到很晚，便自然而然地撇开了这些家务。可是一个人做得多了、做得久了，心中难免会有怨言，如果说萌萌一开始是因为新鲜感才心甘情愿去做家务的，那么到后来则变成硬着头皮去做。一个人隐忍久了，终究会有爆发的那天。萌萌这时才发现，原来自己在不知不觉中竟积压了那么多怨气。

“你每次回来什么事都不管，直接往沙发上一躺就开始玩游戏，而我还要帮你收拾鞋子和脏衣服。平时我都是做好了饭等你回来，可你每次都是吃完饭就回房间，从不帮忙刷碗。”萌萌越说越觉得委屈，最后竟直接蹲在地上，掩面哭了起来。

男朋友看着一向笑嘻嘻的萌萌如此委屈，虽然不理解，但还是走到萌萌身边拍了拍她的背，安慰道：“行了行了，碗我刷，我错了。”

这次的事情看似就这么过去了，可是萌萌的心里却始终觉得不舒服。那天，男朋友确实像他所说的那样把碗刷了，然而第二天，他又恢复了原来的样子。萌萌突然发现，自己再也不能忍受男朋友的一些恶习了。比如，乱扔臭袜子这个坏习惯，萌萌已经跟他说过三四次了，可男朋友还是一回家就这么干。

萌萌回忆起自己刚和男朋友在一起的时候，那时的他明明是个干净帅气的男人，她从来没有想过他有一天会变成自己无法接受的样子。后来，萌萌提出了分手，因为她发现他们不合适，男朋友的那些习惯她接受不了，而他也不可能真的改变长久以来形成的习惯。

有时候打败一段感情的不是外界因素，而是两个人之间的不合适。面对不合适的感情，该怎么办呢?

（1）自我反思：先花一些时间进行自我反思，思考自己对这段关系的真实感受，问自己是否快乐、满足和安全，了解自己的需求和价值观，并确定这段关系是否可以满足这些需求。

（2）沟通和妥协：尝试与伴侣坦诚地沟通，分享你的感受和担忧，共同寻找妥协和解决问题的方法。如果两个人都有意愿改善关系，可以考虑寻求婚姻咨询或心理治疗，以帮助促进更健康的沟通和解决冲突。

（3）寻求支持：寻求朋友、家人或专业人士的支持和建议，听取他们的意见。他们可以提供客观的观点和支持，帮助你做出决策。

（4）关注个人福祉：首先要关注自己的幸福和福祉，在亲密关系中不要牺牲自己的需要和价值观，重要的是保持个人健康和良好的心理状态。

（5）接受事实并做出决定：如果你经过深思熟虑后得出结论，认为这段关系不合适并且无法改善，你可能需要考虑放手。虽然很难，但有时这是为了你自己和对方都能够寻找到真正的幸福。

第 4 节

冷暴力：爱情中的精神虐待

爱情里最重要的是心与心的交流，如果两个人从“无话不说”变成了“无话可说”，那么这份感情可能已经无法挽回。法国临床精神学家玛丽·弗朗斯·伊里戈扬在《冷暴力》一书中提到，“冷暴力”不同于暴力，它是一种“精神虐待”。

爱情是有“保鲜”期的，我们应该保持有效的沟通，避免冷暴力的发生。假如冷暴力已经发生，就要想办法及时止损，因为它会对承受者的精神造成严重折磨。有人说，争吵是对爱情最大的伤害，其实不然，比争吵杀伤力更大的，是对问题的冷处理。“我想冷静一下”“我不想和你吵”这样的话说出口，并不是对对方的宽容、对感情的守护，而是一种无形的伤害，一种精神上的折磨。

宋词和男朋友刚开始谈恋爱的时候，也像很多情侣那样甜蜜。宋词每天早上醒来，打开手机一定会看到男朋友的问候，有时也会看到男朋友分享的生活趣事，她也乐于和男朋友分享自己生活的点滴。他们每天的聊天记录有上百条，几乎到了无话不谈的地步。

可是渐渐地，宋词发现男朋友联系自己的次数越来越少了。当两人的聊天内容越来越简短，自己收到的回复变成了"嗯""哦""好"的时候，宋词感到不对劲了。男朋友常常说自己太忙了，没时间回信息，让她等一会儿。但这个"一会儿"有的时候是几个小时，有的时候是一天，还有的时候他忙着忙着，就像把宋词忘了一样，没有任何消息。

宋词感觉很煎熬，她习惯了事事和男朋友分享，习惯了男朋友对自己时时刻刻的关心，这种骤然的冷落让她感到非常难过。可是，每次男朋友让她等一会儿的时候，她就不敢再给对方发信息了，怕对方觉得自己黏人。

刚在一起的时候，他们一起去逛街，男朋友会紧握她的手，生怕她走丢。可是，他们现在连一起出去逛街的机会都很少，就算一起出去了，男朋友也会大步走在前面，自顾自地低头玩手机，完全不顾及她的感受。

宋词想，是不是自己太黏着男朋友，让他觉得厌烦了？于是，她也减少了给对方发信息的次数，结果对方根本就没有发现她的异常。后来，宋词发现，他们常常几天都不说一句话。再到后来，宋词想与男朋友好好谈一谈，结果发现自己已经被男朋友拉黑了。两人连一句分手的话都没有，这段恋情就这么结束了。

两个人在一起久了，最初的激情会慢慢退去，会进入一段相对平缓的平淡期，即无论一方做了什么，另一方都会觉得索然无味，很难再在心里掀起任何波澜，渐渐地就会变得冷漠，任凭再多的热情都不能让他心动。这种冷漠的反应有时候并不是故意为之，只是无意识的忽视和敷衍。冷暴力在心理学中被称为“筑墙逃避”，是感情中最自私、伤害最大的一种行为，需要我们用“同理心”来感受。通俗地说，同理心就是换位思考，当你向对方施加冷暴力的时候，试着将自己置于对方的处境之中，这时才会明白遭受冷暴力会有多么难过。

如果发现自己在不经意间对他人施加了冷暴力，那么就要及时改正自己的态度。冷暴力是一种对他人的无声伤害，会对对方造成持续的心理伤害。如果感情真的到了无法修复的地步，那就好好和对方沟通，友好地结束这段感情。尊重对方的感受，理解对方的立场，并尽量以平和的方式分开。这样做不仅能减少对对方的伤害，也能让自己以健康的心理状态投入下一段感情。

如果发现自己受到了冷暴力，就要找机会和对方谈一谈。倘若对方不是故意的，只是因为太累了而导致的不自觉的行为，那就帮助对方放松身心；如果发现对方对你的新鲜感真的消失殆尽，无法维持这段感情，那就及时止损，以减少对方对自己的伤害。尽管结束会带来痛苦，但继续与一个无法给予真实关爱的人在一起也不是长久之计。

第5节

不浪漫爱情的背后

不浪漫爱情的背后，总是无休止的争吵；无休止的争吵的背后，是我们对爱人宣泄的负面情绪。我们习惯在爱人面前无意识地展现自己最真实，也可能最糟糕的一面，并且以为对方会无条件地包容自己。但实际上，对于你的负面情绪，对方未必能全盘接受。有的时候，出于对感情的维护、对你的爱意，对方或许会一再包容，但这种包容是有限度的，一旦达到临界点，争吵便会一触即发，甚至走向感情破裂。

小凌和男朋友在一起好几年了，他们已经见过双方家长，并将结婚这件事提上了日程。女孩子都会憧憬穿上漂亮的婚纱嫁给最爱的人，小凌也不例外。那天，小凌拉着男朋友去试婚纱，出去的时候还好好的，回来就吵了起来。

小凌试了一款婚纱，非常喜欢，想买下来，男朋友却觉得婚纱只在结婚的那天穿一次，租一天就好了，没必要买。小凌觉得，婚纱虽然只穿一次，但是结婚这么重要的日子，还穿他人穿过的衣服，一想就非常难受。男朋友刚开始还耐心地跟小凌解释："你穿这件婚纱真的很好看，但是真的没必要买。你就穿一天，之后就不穿了，买一件注定一直放在衣柜里的衣服不是很浪费吗？咱们租一件婚纱，省出来的钱都够再摆一桌酒席了。"

回去的路上，男朋友一直给她讲道理，她却一直不肯松口。于是，男朋友生气了，开始数落她总是买一些没必要的东西。然后，一场争吵正式爆发了，两人从买不买婚纱一直争论到底谁爱乱花钱，最后矛盾点变成了这个婚还要不要结。

所以，问题的根源其实非常简单，小凌并不是真的一定要买那件婚纱，她只是想知道，这个即将和自己共度一生的男人，是不是会一直像最开始那样，尽量满足自己的一切心愿。她要的不是一件婚纱，而是对方的态度，即那种从一而终对自己无条件的偏爱。可惜，对方并没有理解她的需要，于是两个人发生争吵在所难免。

其实，很多时候，两个人吵架的根源并不在于事件本身，而在于一方是否能准确地领悟对方潜在的心理需要。人们有各种各样的心理需求，如被尊重、被理解、被接纳、被关爱等。当这些需求没有得到满足时，人们可能表现出情绪的不稳定和冲突的行为。因此，在处理感情中的冲突和问题时，关注对方的心理需求尤为重要。这需要双方都能够倾听和理解对方，设身处地地考虑对方的感受和需求。所以，当你隐约感到与对方的争吵即将爆发时，先冷静下来想一想，对方为什么要跟你吵架，对方的真正意图到底是什么。当你领悟了对方与你争吵背后的潜在需求时，或许，这场争吵也就可以避免了。

解决感情中的冲突是一项复杂的任务，需要双方的合作、理解和妥协。以下是一些处理和解决感情中的冲突的办法。

有效沟通是实现这一点的关键。双方应该互相分享彼此的感受和需求，以便更好地理解对方的心理需求。同时，主动倾听和表达对对方的尊重也是非常重要的，这可以创造一个安全和开放的环境，使双方都能够坦诚地讨论问题。

沟通之后，双方应协商并寻找共同的解决方案。讨论双方的需求和利益，提出建设性的解决方案。在这个过程中，一定要避免以输赢心态考虑问题，而是寻求双赢的结果，考虑双方的利益和快乐——如果你们还想继续的话。

在沟通过程中保持冷静和理智是非常重要的。尽量避免情绪爆发和使用攻击性的语言，如果情绪过于激动，可以选择暂时停下来，冷静下来之后再重新沟通。在处理冲突时，应避免使用侮辱、威胁或控制的方式解决问题，尊重对方的感受和意见，建立一个平等和支持的关系。

最后，学会原谅和释放。在感情中解决冲突时，学会原谅和释放过去的伤害是重要的，记仇和翻旧账对于双方来说都是一种折磨。

第6节

婚姻，是殿堂还是坟墓

每个即将步入婚姻的人都会有这样一个想法：我真的想好和身边这个人过一辈子了吗？明明已经走到了婚姻殿堂的门口，却还在犹豫着要不要迈进去；明明感觉已经很了解身边这个人了，可当真走到这一步的时候却突然觉得，身边这个人变得好陌生。

在心理学上，这是一种自我怀疑，通常指对自己能力、价值或决策的怀疑和质疑。它可能是由于内在的不安、自我评价不足或焦虑等因素引起的。自我怀疑可能会对个人的情绪和自信心产生负面影响，也可能对人际关系和生活质量产生影响。

在感情中，自我怀疑可能表现为对自己在关系中的价值和地位的怀疑，对自己的决策和行为的不确定感等。它可能导致个人在感情冲突中退缩、不坚持自己的观点，或者过度依赖他人的判断和决定。而维持一段长久的婚姻，不是单凭几句动人的誓言就可以实现的，它需要两人付出比谈恋爱时更多的时间和精力。婚姻是一种长期的承诺和关系，可能会让人开始质疑自己是否足够好，是否能够满足配偶的期望和需求。个人的自我价值感可能会导致对自己的能力和价值产生怀疑。而社会和文化对婚姻的期望和标准，以及对婚姻的理想化描绘，也可能会让人产生压力和怀疑。同时，过去的感情经历、家庭背景和个人经历可能影响一个人对婚姻的看法和自我怀疑。如果有负面的经历或者来自家庭的负面影响，可能会让人在婚姻中产生自我怀疑。

另外，婚姻中常常会面临各种挑战和变化，如生活的困难、事业的压力、经济问题等。而且婚姻往往意味着生育，生育孩子，并且健康地将其抚养成人，让其接受良好的教育，这对于夫妻双方无论在心理、生理、情感还是经济上，都是巨大的挑战。这些挑战和变化可能让人对自己的能力和婚姻的前景产生怀疑。

小小的这段感情是女追男成功的典范，小小追了阿明一个多月才成功。二人交往了一年多，一周前刚举行了订婚仪式，再过几个月就要步入婚姻的殿堂。身边的人都祝福小小，可没有人知道，订婚仪式结束后，小小就开始忐忑不安。

小小谈恋爱的时候喜欢黏着男朋友，喜欢向他撒娇，喜欢搞恶作剧，每次阿明都被搞得颇为无奈。两人相处的时候，小小一直是主动的那个人，她会拉着阿明做很多有趣的事，也会处理很多问题。相比之下，阿明在这段感情中就显得没那么尽心尽力，也从来没主动为小小做过什么事。虽然小小知道，这只是阿明的性格问题，可是时间久了难免心生怀疑。小小担心，如果阿明在婚后的生活中也是这个样子，自己真的可以接受吗?

阿明也在烦恼。看到朋友们陆续发来的祝贺，阿明心里也不是那么开心，明明期待了很久的婚礼就在眼前，却总感觉这不是自己想要的。阿明一直处于被动状态，他觉得这段感情之所以可以延续至今，完全是靠小小一直在努力维持。阿明觉得自己一直亏欠小小，他害怕把这份亏欠带到婚姻中去，没办法给小小一个幸福的家。

思考了很久，两人还是决定聊一聊。餐桌上，小小开口说道："时间过得好快啊，感觉跟做梦一样，我们居然就快结婚了。"阿明接过话茬儿："是啊，感觉我们昨天才在一起的，今天就要准备结婚了。"接着是长时间的沉默，小小终于忍不住开了口："我怎么感觉自己还没做好结婚的准备。"阿明笑了："难道你还想悔婚不成？"小小也笑着说："我就是担心以后要变成你的老婆了，操心的事就会更多，一时之间有点儿接受不了。"阿明看着小小的眼睛说道："你放心，以后不会让你一个人忙碌的，我会陪着你。"这是小小第一次听到阿明说出这样的话，感动地捂着嘴笑了起来。

那天晚上小小和阿明聊了很多，那些原本还缠绕在两个人心底的担心和害怕都因为这场谈话减少了。虽然他们知道婚后还是会面对很多未知的困难，可小小和阿明还是决定义无反顾地走下去。

维持一段长久的婚姻需要双方的努力和承诺，在面对感情冲突和自我怀疑时，不妨像小小和阿明这样处理。

首先，意识到每个人都有缺点和不足是很重要的。接受自己和配偶的不完美，并注重彼此的优点和成就。培养宽容和理解的态度，不要对自己过于苛刻。其次，与伴侣保持良好的沟通和交流非常重要。学会倾听对方的观点和感受，且坦率表达自己的需求和观点，避免攻击性的语言和指责，努力解决问题而不是争吵。再次，共同制定目标和计划可以增加夫妻之间的亲密感和一致性。最后，双方都需要学会适应和妥协，尊重彼此的需求和权益，通过妥协寻求双赢的解决方案，理解个人的利益需要为了整体的家庭福祉而做出一些让步。

第八章
每个人都要懂点儿销售技巧

第 1 节

精彩的开场白要这样打造

交谈中最困难的就是打破沉默的第一句话。当销售员在与客户沟通时，前三分钟是客户倾听最专注，精神最集中的时候，也是他建立第一印象，对你做出判断评价的时候。短暂而重要的开场，决定了你是否拥有与客户继续交谈下去的机会。所以把握好前三分钟，你就有可能打造一个良好的开端。

世界汽车推销大王乔·吉拉德曾说过："你让每一个光顾生意的客户都感觉到，他们似乎是昨天刚刚见过我，让他们永远都保留着深刻的印象，这才是开场白出神入化的境界。"好的开场白都会给客户耳目一新的感觉，因此在面对客户之前，要做好充分的准备。市场那么大，销售人员那么多，如果你的开场白不能引起客户足够的重视，你的"第一步"没有涉及客户心中想要的东西，在客户看来你就没能为他做出任何有意义的事，又如何让客户想起你，和你做交易呢？

因此，开场白是销售的第一步，也是非常重要的一步。但是很多销售员对开场白并不怎么感兴趣，可能的原因有两点：一个是不重视，另一个是不知道说些什么。所以他们的开场白或者很平淡，或者枯燥无聊。

其实销售员是可以让自己的开场白变得更加丰富多彩的，因为有太多的人给我们提供了非常成功的例子。先来看一个日本的保险销售员是怎样利用一张名片引起客户的兴趣，并使用特殊的开场白成功吸引客户的。

在日本有这样一位保险推销员，他的名片和他人的不一样，因为他在名片上印上了“76600”这个数字。客户看到名片上的这个数字时，往往好奇地问：“这个数字是什么意思？”但这位销售员并不直接回答，而是反问道：“您一生中吃多少顿饭？”

这绝对是一个难题，因为谁也不会计算这个，所以几乎没有任何一个顾客能答得出这个问题。接下来销售员回答：“大概是76600顿，如果退休年龄是55岁，按照当前日本人的平均寿命计算，一个退休后的人还剩下19年的饭，即20805顿……”

只用一张名片就成功吸引了顾客的注意力，并通过名片上的这个数字开始做销售，这个销售员的开场白真的非常具有创意。

那么作为销售员，应该怎样做才能让自己的开场白吸引人呢？

1. 利用客户好奇心

好奇心人人都有，比如，你手里拿着一件东西，他人只要没见过就会产生好奇心，想知道它是什么。而心理学研究表明，好奇就是人类行为的动力之一。销售员如果能够说出客户不熟悉、不了解或者不知道的东西，就肯定能吸引客户的注意力，这样的开场白就是精彩的。

2. 让著名公司和人物为我们说话

人都有一种从众心理，比如，很多人见其他人都购买了某一件产品，即使他可能并不需要，但还是会购买。这种从众心理的另一种表现就是名人效应，这也是现在很多企业找明星做代言的原因。销售员在开场白中也不妨使用这招，利用业界的名人或者著名企业为自己说话。比如，在面对客户的时候，可以说："赵总，你知道××公司的李总吗，他也在使用我们的产品，并且反馈非常好。"这样一句话就能引起顾客的兴趣。

3. 用产品说话

这种开场白对销售员的产品要求是非常高的，必须是高品质、有新意的产品。如果销售员的产品够吸引人，那么开场白就不妨让产品自己来"说"。销售员只需要将新奇的产品呈现在客户面前，就一定能在第一时间就吸引客户的注意力。

4. 向客户请教

在开场白中，向客户请教是一个非常好的方式，只要你的问题设计得够好，那么就很容易引起客户的重视，自然也就将客户的目光吸引过来了，比如："廖总，您是行业专家，您认为当前安全行业产品的最大弊病是什么？"

5. 以赠品作为开场白

赠品就是为了增加产品的附加值而出现的，很少有人能拒绝免费的东西，所以用赠品做开场白也是不错的选择。

销售员在与客户沟通的过程中，它是与客户建立联系、吸引他们的兴趣和信任的第一步。一个精心设计的开场白可以对客户最终成交产生较大的影响，销售员千万不能忽视。那么，吸引人的开场白，需要我们注意什么呢？

吸引注意力：使用引人注目的事实、问题、故事或引用来吸引客户的关注。

消费者导向：围绕客户的需求、问题或利益展开，强调产品或服务如何满足他们的需求。

个性化：根据客户的信息和背景，个性化地展示你对客户的关注和重视。

简洁明了：开场白应该简洁明了，不使用过多的专业术语，让客户快速理解你的目的和价值。

使用开放式问题：运用开放式问题引导对话，建立有效的互动，了解客户的需求和意见。

自信和友好：展示自信和友好的态度，让客户感到舒适，愿意进一步与你交流。

第 2 节

遇到不合理要求，学会转移问题

在大多数情况下，遇到不合理的要求，人们倾向于通过争辩来说服对方。然而，争辩的结果往往只会激怒对方，而不能真正让他们信服。事实上，如果你想要说服对方，首先要避免争辩。林肯无疑是个中高手，他往往能很轻易地说服对手，他的办法是："在我们开始辩论的时候，首先要找出一个双方赞成的共同立场，这就是获得胜利最好的方法。"

在销售沟通中，销售员在一些问题上不能和客户发生争执，当一些问题自己没有办法回答时，销售员可以采用"转移问题"的方式回答，也就是如林肯所说，找到自己与客户之间的"共同立场"。这样做不但能解决客户的问题，还能将沟通的主动权掌握在自己的手中。想知道怎样在沟通中转移问题，先来看看这个故事。

在一次记者会上，有记者询问基辛格："基辛格先生，我们国家的潜艇导弹弹头数量是多少，又有多少兵员呢？"基辛格说："我现在还不是很确切地知道导弹弹头和兵员的数量，至于潜艇的数量，我是知道的，但我不知道它们是不是保密的。"记者马上说："当然不是保密的。"于是基辛格马上反问记者道："不保密？那么你应该知道是多少，请你告诉我吧！"在场所有的记者顿时愣了一下，最后也只得一笑了之。

回答记者问题时，基辛格使用的就是"转移问题"法，很机智地就将问题转移到记者身上，不仅什么也没有透露，还用幽默的方式解决了问题。那么销售员应该怎样使用这种技巧呢?

1. 以请教的方式转移

销售员就客户的问题向客户请教，让客户自己来回答。

客户："你们的产品质量有问题啊。"

销售员："感谢您为我们提出问题，那么您说的问题具体有哪些？请您告诉我一下，我好向上级反映，对产品进行进一步的改良。"

这样说就将话语权给到了客户，如果客户说的是真实存在的问题，那么我们虚心接受；而如果客户说的不是什么重要的问题，那么我们可以耐心进行解释；如果客户说不出所以然，那么他自然在内心会承认产品确实没什么大问题。

2. 以幽默的方式转移

通过幽默的方式来转移问题是一个很有效的方法。幽默可以缓解紧张的氛围，让客户放松下来，并为交流创造轻松的氛围。而自嘲，不失为一种很好的方式。

客户："小王，这次成交你能从中赚不少吧？"

小王："张总，您看您又笑话我了，我要能赚得多，早回家老婆孩子热炕头了，还做什么'打工人'呢！"

灵活运用自嘲，表面上是回答客户的问题，实际上只是让客户哈哈一笑，既可以拉近与客户的距离，又不会让彼此陷入尴尬境地。

但要注意，并不是所有问题都能"转移"处理的，不然会让客户觉得你既不专业，态度又敷衍，最终对你失去信任。那么销售员需要注意哪些问题呢?

一是关于质量问题或者其他关于产品的重要问题，销售员不能回避。

二是不能把自身或产品真实存在的问题转嫁到客户身上。

三是回答过后要使客户理解而没有异议。

第3节

站在客户的角度更能打动人

站在客户的角度来看待问题和提供解决方案，是一种更能打动人的销售方式。在商业和沟通中，将客户放在首位，关注他们的需求、问题和利益，将能够建立起强有力的连接和信任关系，也能够更好地理解他们的痛点和所需，从而能够提供更贴切的解决方案。这种客户导向的思维方式能够帮助我们更好地满足客户的需求，提供有价值和有意义的产品或服务。

1. 站在客户的角度，首先就要尊重客户的想法

尊重是一种对他人人格与价值的充分肯定。尊重他人是个人素质的体现，也是一种美好的品德。在社会生活中，人人都有被他人尊重的需要，同时每个人都希望自己的成就和能力能够被他人和社会认可。作为销售员，就更要学会尊重他人，这样才能够赢得更多客户的尊重与信任。

李琳是一名优秀的家具销售员，她的业绩在所有销售员中是最高的，因为她总是能尊重客户的看法和想法，肯定他们的判断。

一天，一位顾客来到家具行挑选家具，虽然李琳介绍得非常到位，但是客户在看了一番后，认为这里没有适合自己的家具，还是准备离开。就在客户转身要离开的时候，李琳叫住了他，然后对他说："先生，我相信您一定有独到的眼光和需求，我们的产品确

实无法满足您，但是我做这一行已经很久了，我对附近的家具行都非常熟悉，我可以陪您去挑选，而且还可以帮您砍价。”李琳的热情打动了客户，于是在李琳的介绍下，客户终于选到了自己满意的家具。虽然不是在自己手上成交的，但李琳仍然为他感到高兴。结果没过几天，这位客户就介绍了好几位自己的朋友来李琳这儿买家具。他说，因为李琳这样尊重自己的意见，为自己着想，令他非常感动。

2. 夸奖自己，不如考虑客户真实需求

很多销售员在和客户沟通的过程中，总是习惯性地去向客户介绍自己的产品如何好、服务如何到位，但是他们往往忽略了自己的产品是不是符合客户的需求。

销售员站在自己的角度向客户介绍产品，首先就将自己放在了客户的对立面，导致客户产生一种感受：你只注重自己的商品和自己的利益，而不在乎我的利益。一旦客户产生这种心理，成交就变得艰难了。因此，作为销售员一定要注意，在与客户沟通的过程中，千万不能在一开始就将自己置于客户的对立面，而是要学会站在客户的角度想问题，站在客户的角度说话。销售员为客户考虑，客户是能感觉得到的，他的想法也会随之改变，就算这次没有成交，他也不会产生反感，说不定下次就会再来，或者介绍亲朋好友来买。

3. 换位思考，把自己放在客户的位置

换位思考是销售中经常提到的一种技巧，因为只有将自己置于客户的位置上，才能明白客户到底在想什么，内心需要什么。从客户角度出发想问题，

才能准确地制订销售计划，才能有针对性地进行销售，提高销售的成功率。

速溶咖啡上市之初，制造商认为他们的产品具有绝对的优势，因为冲泡过程省时省力，能让家庭主妇从烦琐的咖啡制作过程中解脱出来。因此，他们决定针对主妇大力宣传速溶咖啡省时省力的这一卖点。但是，市场的反应让他们大跌眼镜——大家似乎都对速溶咖啡不感兴趣。通过营销心理专家广泛而深入的分析，最终找到了问题所在。原来在当时美国家庭主妇的观念里，经过一系列烦琐过程制作出美味的咖啡是一个勤快的家庭主妇的标志，而购买速溶咖啡则达不到这个效果。所以很多人都不接受速溶咖啡的宣传概念。

知道了问题所在后，速溶咖啡的生产商决定调整策略。他们重新制订了宣传方案，着力宣传速溶咖啡的美味口感。为了获得更好的效果，他们邀请当时的总统罗斯福为之做广告。在罗斯福总统的强力感召下，速溶咖啡很快在美国蔓延开来，成为广受大家欢迎的产品了。

销售员要想实现销售，就必须对客户的心理有明确的了解。而要了解客户的内心，最好的方式就是站在客户的角度去思考问题。学会换位思考，销售员才会明白客户内心所想，销售也才会成功。

那么，在这里要提醒销售员的是什么呢？

一是学习一些销售心理学知识，了解客户心理。

二是销售中学会换位思考，为客户考虑。

三是减少使用以“我”为主的主观性的语言，多说“我们”。这一点在上文中已有详细介绍。

第 4 节

让客户感受到快乐，更容易成交

人做任何事都出于两种原因：一是逃避痛苦，二是追求快乐，购买商品也不例外。这种心理需求在市场营销中被广泛应用，以吸引和满足消费者的需求。

逃避痛苦是人类天性中的一部分。当人们感到不舒适、不满或有问题时，他们倾向于寻找解决方案或购买某种产品来摆脱这种痛苦。例如，当人们感到饥饿时，他们购买食物来满足需求；当人们感到寒冷时，他们购买暖和的衣物来保持身体温暖。购买商品可以在某些方面帮助人们解决问题、满足需求、改善生活质量，并逃离痛苦。另一方面，追求快乐也是人类行为的一个重要驱动力。人们倾向于购买能够带来愉悦和乐趣的商品，以增加自身的幸福感和满足感。例如，购买一双心仪已久的鞋子，享受一顿美食，到一个风景如画的地方旅行，等等。这些消费都是出于追求快乐的心理需求。

在市场营销中，了解消费者的痛点和愿望是至关重要的。将产品或服务与解决痛苦或提供快乐联系起来，将能够更好地吸引消费者，并满足他们的需求。因此，了解购买商品背后的心理动机，可以帮助企业更好地定位和销售产品，同时为消费者提供更好的体验和价值，而销售员想要实现成交，就必须让客户感受到快乐。那么销售员应该怎样让客户感受到快乐呢？

1. 利用产品本身的优势

在销售中，很多产品本身就能带给客户快乐的感觉。销售员要对自己的产品进行全方位分析和了解，看看自己的产品是不是能够第一时间就带给客户快乐的感觉。如果产品具有这样的条件，那么销售员只需要向客户介绍自己的产品，并发挥产品的诱惑力。比如，如果销售员销售的是一款高质量的咖啡机，那么他可以强调这款咖啡机可以让客户在家中享受到咖啡店一样优质的咖啡体验。销售员可以告诉客户咖啡机的特点，比如，它可以自动磨豆、调节温度和压力，还能根据个人口味调整咖啡浓度。通过这些功能的介绍，销售员可以让客户感受到这款咖啡机能给他带来的愉悦感。

2. 利用自己的语言

还有一种能够让客户感受到快乐的方式，就是销售员的语言。我们来看一则案例。

顾客："这两款手表看起来差不多，为什么这一块要贵上这么多呢？"

销售："因为这款手表在机芯的制作上采用了世界上最先进的工艺，两款手表虽然看起来差别不大，但这一块却贵在内心，就像您一样，虽然低调，但眼光非凡。"

在这个例子中，销售员通过使用积极、巧妙的语言，通过强调产品在技术制作上的先进工艺，并将客户与产品进行类比，巧妙地解释了价格差异，让客户感受到快乐的同时加深了对产品的认可和购买意愿。

3. 认真倾听，让客户说出心声

在销售工作中，学会倾听也是一门学问，善于倾听是销售人员最基本的素质，同时也是打开客户内心世界的一把"金钥匙"。耐心倾听可以帮助销售人员和客户建立良好的沟通关系，更是获得客户信任，拓展人脉的一种有效方法。

戴尔·卡耐基曾说过：“在生意场上，做一名好听众远比自己夸夸其谈要有用得多。如果你对客户的话感兴趣，并且又有急切想听下去的愿望，那么订单通常会不请自来。”事实上，我们每个人都希望得到他人的关注，这种关注可以让我们感觉到自身的价值和存在。每个人都希望他人能够认真地去倾听自己所说的每一句话，你的客户尤其如此。

丘吉尔也说过：“沉默是金，倾听是银。”作为一个成功的销售人员不仅要学会说，更要学会听。因为倾听他人是尊重他人的表现，更是与人和睦相处的必备技能之一。而在销售行业中，销售人员更多的是要学会安静地聆听，听客户说话，让客户多表达自己的想法，这样才能真正做到以客户为中心，让客户感到受重视，满足自我表达的心理需求。所以，作为一个优秀的销售人员，就要学会倾听客户的声音。不光要听，还要认真地听，很有兴致地听，积极迎合地听，听懂客户的话，弄明白客户的心理。只有这样，才能发现客户的心理突破口，从而达到销售的目的。

那么在这里，销售员要注意什么呢？

一是满足客户的心理需求很重要。

二是要让客户知道，产品能为他们带来哪些快乐。

三是制订相应的体验计划，让客户感受到快乐。

四是在聆听客户说话的时候，销售人员要面向客户，保持一个好姿势，身体前倾，把目光集中在客户的脸、嘴和眼睛上。必要的时候，还要把客户说的要点记在自己的笔记本上，让客户感觉你会记住他所说的每一句话、每一个字。

第 5 节

如何才能说到客户心坎上

把话说到客户心坎上，就是通过言语和行为，触动客户内心深处的情感和需求，让他们感到被理解、被关心，并激发其购买欲望。这需要销售员具备良好的沟通技巧和情商。销售员应该关注客户的情感体验，倾听并理解他们的需求、疑虑和期望，运用同理心，与客户建立情感连接，展示对他们的关注。同时，销售员还应该提供个性化的解决方案，满足客户独特的需求和偏好，从而赢得客户的认同和信任。总而言之，把话说到客户心坎上需要销售员关注客户的情感需求，展示关心和关注，先提供情绪价值，再销售产品。

1. 称呼很重要

在销售中，销售员与客户之间的称呼是有其特殊性的，使用客户喜欢的称呼可以显示对客户的关注。如果销售员能够记住客户姓名或者喜好等，并在交流中使用与之相关的称呼，一定能深深地打动客户。这种个性化的称呼可以让客户感到被重视和尊重，从而增强他们与销售员之间的情感连接。那么，对客户的称呼有哪些讲究呢？

（1）就高不就低。人们都喜欢听好话，都想往高处走，所以在称呼客户时，把他“喊高一点”，总是能满足其内心的虚荣感的。比如，称呼“张副局长”客户可能会不高兴，但是喊他“张局长”，虽然他可能会打着哈哈说“我是副的”，但内心还是会很高兴的。虽然只是一个简单的称呼，客户却会有不同的感受。对销售员来讲，这种不同就会影响整个销售的进程。

（2）随机应变。销售员对一个人的称呼是固定的吗？当然不是。这就要求销售员要能够随机应变，在不同的时期对客户的称呼进行改变，这不但能拉近与客户之间的感情，还能让客户对你产生良好的感觉。比如，初次见面时，销售员可以使用更正式的敬语称呼，如称呼客户为“某先生”或“某女士”，等到彼此接触几次，比较熟悉之后，可以称呼对方为“某哥”或“某美女”；待完全取得客户信任，彼此熟悉，有了亲切感之后，就可以用更为亲切的称呼了。这里要注意，对于异性客户，称呼上不宜过于亲热，以免造成误会。

（3）男“大”女“小”。在称呼上，男性与女性的感受是不一样的。男性一般都喜欢被人称呼得“大”一些，这样能够显出成熟、稳重；而女性恰恰相反，更喜欢被人称呼得“小”一些，这样能显得更年轻。

2. 学会用话语攻心

在销售中有一种攻心战术，即销售员在沟通过程中，使用相应的销售技巧，对客户心理造成影响，让客户顺着销售员的思维路径去思考，最终实现成交。这样的成交方式非常独特，效果非常好。

有一则关于销售“攻心术”的笑话，虽然有些夸张，但很好地演绎了如何牵着客户的“鼻子”走。

一位男士来到商场，想要买一个鱼钩。接待他的销售员卖给他一个小号的鱼钩之后问他：“难道您只想钓几条小鱼吗？小鱼钩是钓不到大鱼的。”于是男人买了大号的鱼钩。销售员又提醒他，不大不小的鱼不就跑了吗？于是，他又买了中号鱼钩。接着，销售员又卖给其相应的三种型号的渔线。接下来销售员很感兴趣地问他上哪儿钓鱼，他说海边，于是销售员继续追问："是出海钓鱼吗？那可真够过瘾的。""不，不是。"男人说，"我知道那很过瘾，但我没有船。"于是销售员又建议他买条船，并承诺可以给他争取最大的折扣，于是把他带到了卖船的专柜，卖给他一艘长6米、有两个发动机的纵帆船。可是这下男人犯了难，他告诉销售员说，他的车可能拖不动这么大的船。"这还不容易？都到这一步了，你只需要最后一样东西，就可以出海钓鱼了。"于是，销售员又带他去汽车销售区，卖给他一辆新款豪华型"巡洋舰"。

作为销售员，应该怎样使用这种战术呢？这就要求销售员从两点出发。

（1）把好处说尽。客户之所以会购买销售员的产品，是因为他们有心理需求，销售员要想攻心就要将客户的这种心理需求说出来，并且将之明显化，使客户相信，销售员所提供的产品或服务是物超所值的，是能够满足这些需求的。当销售员将客户的需求明显化以后，客户就会清晰地知道自己到底需要什么，而销售员要想在这时候实现成交，就需要将好处说尽，并且把产品或服务的好处与客户的需求一一关联起来。

（2）把痛苦说透。从某个程度上来说，成交其实是让客户感到有些痛苦的一件事情。因为成交就意味着掏钱，掏钱就会让人感受到痛苦，所以客户拒绝就是一种本能。但还是有那么多客户成交，这是因为如果不成交，那么就要比掏钱还痛苦，于是客户就会心甘情愿地成交。而这个让客户"痛苦"的点，就是"痛点"。

举个例子，假设一个人需要一台新的电脑来提高工作效率，但他对于花钱感到犹豫和不舒服。然而，他也清楚如果不购买新电脑，他将可能无法完成工作、错失商机或面临其他困难。因此，只要销售人员把利弊摆出来，让他想清楚，那么尽管成交意味着付出金钱，但为了避免更大的痛苦或损失，他还是会掏钱购买。

除此之外，销售人员的角色也是至关重要的。他们的任务是了解客户的需求和“痛点”，提供有价值的产品或服务，并在购买决策过程中提供支持和解答疑问。通过与客户建立关系、提供专业意见和解决方案，销售员可以帮助客户减轻痛苦感，增加成交的可能性。

销售攻心是一门大学问，销售员应该学会掌握将好处说尽和将痛苦说透的技巧，这样才能在与客户沟通的过程中说服客户，当痛苦与快乐同时摆在客户面前的时候，客户自然会选择快乐的事情。

那么在这里，需要销售员注意些什么？

一是要了解客户的需求、痛点和目标。通过提问、倾听和观察，建立起与客户的关系，了解他们的情感需求和动机。只有真正了解客户，才能准确地抓住他们的内心关注点。

二是销售员需要与客户建立情感共鸣，这意味着运用一些情感技巧，如分享类似的经历或情感体验，表达对客户的理解和同理心。当销售员能够与客户建立情感连接时，客户更容易被说服和信任销售员。

三是在和客户沟通时，销售员要将重点放在与客户相关的价值上，根据客户的需求和目标，强调产品或服务对他们的价值和好处。

四是运用情感词汇和语言来激起客户的情感波动。例如，使用积极的形容词来形容产品的优势和效果，比如，“令人惊叹的性能”“改变生活的体验”“让您在辛苦工作后可以尽情享受”等，让客户感受到产品或服务的积极影响。

五是要重点强调客户购买后可以获得的利益和利润，而不只是产品或服务本身。客户更关心如何能够从购买中获得回报，所以销售员需明确展示客户的增值和获利，包括简化工作流程、节省成本、提高效率、增加收入等，让客户能够清楚地看到他们的投资是有价值的。

第 6 节

你想说什么不重要，客户想说什么才重要

是销售员自己多说重要，还是客户多说重要？答案非常明显，客户说才是最重要的，因为销售员自己说得多了，客户说话的空间变小了，透露的信息也就变少了，这对销售员来说是非常不利的。因此，销售员要在销售中尽可能地多听，让客户尽可能地多说。可问题在于客户往往不愿说得太多，对于自己的真实想法也会有所保留，所以这就成为摆在销售员面前的另一道难题——怎样让客户多说。

倾听是建立在客户表达的基础之上的，但是在销售开始时，客户往往对销售人员心怀戒备，不愿意多说，那么倾听就无从谈起。想让客户多说，销售员就一定要学会引导和鼓励。而引导客户多说话并不容易，销售员应该从以下这三个方面入手。

1. 正确巧妙地提问

“问”是销售中经常用到的沟通技巧之一，也是销售员获得信息的重要手段。销售员可以通过适当的提问来引导客户，正确的提问可以让客户逐渐敞开心扉。

（1）使用开放性问题：这类问题通常以“什么”“如何”“为什么”开头，开放性问题不仅可以引导客户提供详细信息和意见，还能激发客户的思考和参与感，使对话更具深度。

（2）提出关联性问题：通过关联性问题，销售员可以将客户的关注点转移到与产品或服务相关的话题上。例如，“您在目前使用的产品中遇到过什么问题吗”或者“您是否考虑过这个特定功能的好处和影响”这样的问题可以引导客户讨论与销售目标密切相关的话题。

（3）情境性问题：这类问题通过描述特定情境或场景，让客户想象自己在其中的情况，进而引发客户的兴趣和需求。例如，“如果能减少一半的通勤时间，那对您的工作效率和时间管理会有什么样的影响”等。

（4）启发式问题：通过提问客户一些启发性问题，销售员可以帮助客户深入思考和评估他们自己的需求和目标，这类问题通常涉及行业趋势、解决方案的前景、竞争优势等方面。例如，“在您的行业中，您认为未来会面临哪些挑战？那么，您认为我们的解决方案对您来说有什么帮助”等。

2. 学会核实信息

在销售员与客户沟通的过程中，客户会向销售员提供很多信息，这些信息有些对销售是有用的，有些则是毫无价值的。要想得到其中的有用信息，销售员就要学会向客户核实信息。当然，只有那些关乎销售结果的、非常重要的信息才需要销售员核实。核实这些信息的目的一方面是再次确认客户购买意向；另一方面也是确保提供给客户的信息和产品等准确无误。

核实信息的方法有很多种，其中最简单的方式就是销售员将客户说的话重复一遍，或者将客户的言下之意明确地表达出来，然后询问自己的理解是不是正确的。这样核实信息不但可以避免误解客户意思，还可以让客户因为得到认同和倾听而内心充满喜悦。

3. 适时回应

可以想象这样一个场景：两个人说话，其中一个人在不停地说，而另一个人则一句话也不回应，像个“木头人”一样，这样的谈话能持续下去吗？答案是否定的。因为得不到他人的回应，说什么都没有意思。在销售中也一样，销售员想让客户多说，但如果销售员没有做出任何回应，就成了客户唱“独角戏”，会严重打消客户的积极性。其实客户也需要得到销售员的回应，需要得到理解和支持，从而坚定了继续说下去的信心，因此销售员一定要做到适时回应。

所谓适时回应，就是要回应得恰到好处。销售员最好在客户说话的间隙进行回应，因为这时回应不会打断客户的思路，还可以鼓励客户继续说下去。

适时回应还有另一层意思——不要打断客户的话。有一些销售员在销售的过程中总是打断客户的话，客户还没说完，他们就认为自己已经明白客户的意思了，最终却还是因为自己的一知半解导致客户不满而使得销售失败。另外，如果销售员贸然打断客户的话，会让客户觉得不尊重他，更有可能导致言语上的冲突。那么销售员应该怎样做呢？

（1）专注倾听

在客户说话的时候，销售员一定要专注倾听。优秀的销售员都是非常好的倾听者。这样做，就是在向客户传递一种信号：我对你的话很感兴趣，我很尊重你的需要。

（2）给予时间和空间

有时客户可能需要一些时间来思考自己的需求，因此不要催促他们马上说出来，给予他们足够的考虑空间，让他们知道你尊重他们的决定。

（3）巧用沉默

在对话中，运用适当的沉默，让客户有机会整理思绪并决定是否愿意分享更多信息。有时沉默的空间可以激发客户填补沉默的冲动，让他们更多地参与对话。

（4）提供示例或引导性问题

如果客户仍然不肯说话，你可以提供一些具体的示例，或者以提问的方式引导他们思考并表达自己的需求。例如，“其他客户通常在这方面有这样的需求，您是否有类似的想法”或者“您是否有关于产品性能、价格或使用场景的担忧或问题”等。

第九章
培养自己的领导力

第1节

高情商管理：管理学遇到心理学

管理心理学，顾名思义就是在管理方面运用的心理学，研究对象是组织管理活动中人的行为规律以及潜在的心理机制。换言之，管理心理学，就是利用科学的心理学方法改进管理工作，达到提高管理效能、提高工作效率和实现组织目标的一门学科。企业管理者可以运用管理心理学，充分调动员工的积极主动性，不断提高员工的工作效率，最终实现提高企业的管理效能，企业目标与个人目标相统一的全面发展。管理学与心理学的碰撞，与现代生产力、生产技术的飞速发展息息相关。

在众多企业家中，小米集团的雷军便是一位深谙管理心理学的管理者，我们来看看雷军是如何运用心理学的“扁平化”方法来管理小米集团的。

雷军说：“中国很长一段时间都是产品稀缺，粗放经营。员工做很多，却很累。一周工作7天，一天恨不得干12个小时，结果还是干不好，就认为雇用的员工不够好，就搞培训，但从来没有考虑把事情做少。互联网时代讲求单点切入，逐点放大。员工都有想做最好的东西的冲动，公司有这样的产品信仰，管理就变得简单了。”

“扁平化”管理的小米集团，他们的组织架构没有太多层级，基本上只有核心创始人、各部门高管以及员工这三级。从小米集团的办公布局，就能看出“扁平化”组织结构的优势：一层产品、一层营销、一层硬件、一层电商，每一层都由一名核心创始人把关，只要出现问题，管理者就能“一竿子插到底”地进行管理或调整。

在小米集团中，大家都保持着互不干涉的状态，他们都希望自己能在各自分管的领域中发挥力量，共同把事情做好。而且，小米基于“地位平等”的心理考量，只为7名创始人设置了职位，而其他人一律都是工程师。他们晋升的唯一奖励就是涨薪，因此，小米的员工不需要有太多杂念，只要把心放在工作上即可。

与其他小企业的“季度总结会”“半年总结会”不同，小米集团基于员工“想干事、想精简”的心态制定的管理制度大大减少了层级之间互相汇报的时间，除了每周一要开1小时的公司级例会，他们很少开会。

“扁平化”基于对优秀人才的自我管理的能力的信任。雷军知道，企业如果强加给人才太多无用的东西，设定死板的管理方式，就会让人才产生不被信任的心理。雷军认为每个企业都应把任务设置为两点，即提高企业的效益、劳动生产率，以及对员工进行心理素质的培养、教育。

其中，管理者的重点任务是掌握管理工作中组织和团队中的员工的心理活动规律。只有把握好员工心理，才能制定出科学有效的管理员工、组织和团队的科学方针、方法。在管理学中运用心理学，才能极大地提升管理者的管理水平，提高管理者的管理艺术，在此基础上，企业的工作效益和劳动生产率才能提高。

除了利润、市场、客户这类最直接的财富，人力资源也是企业非常重要的财富。管理者需要在管理学中加入心理学，运用管理心理学的理论与方法，对企业中的人际关系进行调整，对团队凝聚力加以提升，对管理者的管理水平加以提高。

雷军为什么能把小米带成一支“虎狼之师”呢？原因就是他在管理中加入了心理学内容，雷军准确地把握了员工的心理，让员工愿意为企业拼搏，与企业荣辱与共。那么，管理者在企业的管理过程中，如何向雷军学习，应该注意哪些心理学问题呢？

首先，通过心理学工具来指导管理。管理者可以运用观察法、调查法、实验法、博弈论和同理心，从员工的行为对其心理进行把握，下文我们将就其中一些重要的方法展开详细叙述。

其次，通过管理心理学，对彼此身份定位进行明确。管理者需要有亲和力，也需要树立威信，在把握亲和力的同时，做到言必行、行必果，这样才能获得员工信任，便于日后管理。

再次，通过管理心理学，对团队进行构建。这里要求管理者熟悉团队的运作法则，把握管理者与员工的心理，运用心理学效应，让企业与员工做到双赢。

最后，通过管理心理学，对目标施以非凡执行力。执行力是管理者在管理企业时，要求每一名员工都能做到的。管理者需要对任务目标和团队成员进行管理，这样才能让企业更好更快地完成目标。

管理心理学能够在一定的管理成本下，以人本思想为前提，对企业员工进行科学管理。在管理学中加入心理学，能极大地调动员工的积极性、改善团队结构与管理效能，提高企业的工作质量，为企业建立健康文明的人际关系。

因此，若想提高企业管理方面的能力，在管理学中加入心理学是非常必要的。按照科学的管理心理学方法管理企业，才能达到事半功倍的效果。

第 2 节

用心理学工具来指导管理

1. 观察法——从下属行为探清下属心理

观察法是重要的心理学工具，也是重要的管理学工具。管理者可以通过观察法，对员工的行为进行直接的、系统的观察，从而分析员工产生该行为的心理活动，对其进行科学有效的管理。以下是具体方法。

（1）观察员工与陌生人相处时的性格。“内向”和“外向”，是用来评价他人性格时最常用的词语。而判断一个人的性格是内向还是外向，最直接的方式就是看他如何与陌生人相处。性格内向的人，能和熟悉之人做到侃侃而谈，却不愿出席有陌生人的聚会；性格外向的人则总能成为人群中最受欢迎的一个，也能很快地融入新团体。需要注意的是，内向性格和外向性格都有其独特的特点和优势，没有绝对的“好”或“坏”。无论是内向性格还是外向性格，都有各自的优点和潜力，关键是管理者能够充分调动其二者发挥自己的优势，并尊重、理解他们的个人差异，懂得在工作和生活中，不同性格的人可以互补，相互带来不同的观点和能力，共同创造成功。

（2）观察员工的朋友，以及他所扮演的社交角色。我国一向有“物以类聚，人以群分”的说法，如果该员工喜欢和认真的人交往，他多半也是个做事谨慎的人；如果员工喜欢跟偷奸耍滑的人交往，那他的性格也可能出现问题，即便不是他本身就有问题，但也会因为耳濡目染受到不良影响。

（3）观察员工对企业规定的态度以及规范性喜好。有些人喜欢循规蹈矩，有些人喜欢突破常规。这两种态度，其实是代表规范性和冒险性这两类人。规范性倾向的人更喜欢遵守和维护现有的规则、准则和常规，通常更加关注安全、稳定和可靠性，更喜欢权威化、结构化的环境和明确的目标，可能更注重细节和秩序，喜欢按部就班、循序渐进地完成任务；冒险性倾向的人喜欢冒险、创新和突破常规，通常更具有探索和求新的精神，喜欢挑战、变化和新的体验，可能更加开放、灵活且勇于冒险，以寻求新的机会和创造自己的道路，也可能在决策中更愿意承担风险，并有更高的适应变化的能力。每个人在这两个维度上都可能有不同的倾向性，也可以根据不同的情境和目标在规范性和冒险性之间做出权衡和平衡。重要的是，管理者要尊重并理解不同倾向的个体，综合发挥其优势，回避其劣势，以实现合作和共赢的目标。

（4）观察员工的处事态度以及情绪管理。员工处理问题的态度，通常能很好地反映出他的情绪管理。比如，当行政助理打印文件时，过了很久还没有回来，如果员工表示“这么半天还不回来，一点小事都弄不好”，那他则可能是个易怒的挑剔者，如果他不能很好地控制自己的言行，则有可能影响团队的凝聚力。成年人应当管理好自己的情绪，尤其是在职场中，避免因为负面情绪对工作造成影响。

（5）观察员工的生活细节、价值观和条理性。一些生活细节能体现出员工的生活态度以及条理性，也能看出这个人对工作的价值观、对生活的舒适度以及对金钱的态度等。如果一个人的办公桌脏、乱、差，通常这个人家里的环境也不会好到哪儿去，对待工作的态度可能也不会非常谨慎和细心。

2. 调查法——你要对你的团队的心理了如指掌

管理者组建一个团队之初，通常缺乏对成员的能力和心理情况的了解。在这种情况下，作为项目经理，面对一个完全陌生的团队，只能通过调查法来为每一名成员进行恰当的工作调度。那么，项目经理应当如何运用调查法，对成员进行快速的了解呢？首先，管理者可以设计并发放问卷或调查表，通过问卷调查的方式收集团队成员的意见、反馈和信息。这种方法可以收集到大量的定量和定性数据，帮助管理者了解团队对于特定事项的看法、需求和问题。其次，管理者可以与团队成员进行“一对一”的面谈或团队会议，直接提问相关问题。通过面对面的交流，管理者可以更深入地了解每个人的观点、思考方式和具体情况，有助于揭示书面资料中可能存在的漏洞或模糊之处，可以更及时地发现问题和做出调整。最后，除了直接向团队成员提问，管理者还可以咨询其他相关人士，来了解有关团队成员的更多信息，包括与其他管理者、同事或相关部门进行对话，以获取他们的观察、评价和建议等。通过这种方式，管理者可以获得更全面、客观的了解，并可以站在更广的视角上来评估和决策。

3. 博弈论——管理中的博弈与妥协

管理对象是有理性的社会人，他们受到复杂多变的环境影响，需求也是多样的，因而，管理者需要针对其特点制定激励与约束的政策，而这正是管理博弈的根本原因。

管理博弈论的核心，就是最大限度地发挥员工的主观能动性，并以此来开展工作。现代管理是以人为中心的管理，一个组织内部的效率，很大程度上取决于全体员工的共同努力，因此，激励与约束就是现代管理的核心。而现代管理的核心职能，就是要最大限度地激发人的主观能动性。其中，管理者与被管理者之间的博弈，就是人主观能动性发挥的最大表现。

博弈论是心理学中的著名论述，管理者将其引入管理学，就等于将心理学的论述引进管理激励与约束机制的概念中，让管理和博弈相结合，使博弈论在管理学的应用方面有了切入点。由于管理活动往往具备多目标、多层次的特点，博弈论这种心理学论述，在管理学里的应用也比在其他领域的应用要繁杂得多。在管理中加入博弈思维，不仅切合管理的实际需要，还能针对个人因素进行管理整合，从而将管理政策带来的激励与约束作用发挥到最大限度。

4. 同理心——管理下属，首先要像下属一样思考

作为一名管理者，培养认知同理心并合理控制情感同理心，是一件非常重要的事情。如果管理者能很好地控制这两种同理心，就能让员工产生“亲密感”和安全感。

首先，管理者需要优先处理好自己的情绪。当管理者心情不好时，不但没有办法好好倾听员工的想法，也会给员工造成恐惧、郁闷或抵触的心情。没有哪个管理者喜欢情绪化的员工，同理，也没有哪个员工喜欢情绪化的管理者。

其次，积极练习倾听能力。在人际交往中，会听往往比会说更重要。只要管理者能关注员工述说的内容，就很容易识别与分析对方的情绪。比如，当员工反复提到自己最近的窘境时，他可能是想对你说加薪的问题；当员工反复提到最近很忙时，可能要跟你请示事假等。

最后，倾听对方的情绪，保留自己的情绪。当你听到他人吐露情绪时，要告知对方，自己对其情绪表示理解，但是在倾听和回应时，要注意保持自己的情绪稳定，避免因他人的情绪而激动或冲动，保持冷静和理性的态度。如果你感到自己情绪受到了触动，尝试深呼吸和冷静下来，然后再做回应。

同理心在管理者的日常管理中占了越来越重的分量，但管理者一定要明确，如果不区分同理心地对员工随意亲近，就会给自己和工作造成困扰。管理者只有在与员工的人际沟通中适当使用认知同理心，限制自己的情感同理心，才能在工作中营造一种高效率的环境，同时展示企业的强大愿景，以及员工的高度执行力。

第3节

单打独斗的时代已经过去

一个智者带着徒弟在河边散步。突然，智者停下了脚步，问徒弟："一滴水，怎样做才能使其永不干涸？"徒弟想了很久，回答说："将这滴水放在掌心里。"智者笑着摇了摇头，说："想让一滴水永不干涸，只有一个办法：将它投入大海。"

一滴水想要不干涸，就需要放到大海之中，那么一个人呢？一个人如果不懂得寻找"大海"，只是一味地单打独斗，迟早也会"干涸"。如今早已不是"个人英雄主义"的时代，管理者要清楚地知道，现代社会面临的许多复杂问题需要集体智慧和团队协作来解决，单个个体很难应对。只有融合团队成员的不同才能、经验和观点，才能找到更全面的、更完善的问题解决方法。同时，全球化和互联网连接了世界各地的人们，创造了更多的机会和挑战。在这个全球化的时代，通过团队合作，我们能够分享更多资源、知识和创意，实现更大的成就。除此之外，团队合作能够相互补充优势，分担工作负荷，共同推动项目的进展。通过分工合作和资源共享，能够提高效率和获取更好的成果。

强大的团队离不开有能力的管理者，而有能力的管理者也不能脱离身后优秀且强大的团队，只有两者相互配合，才能将团队的力量发挥到极致。那么，究竟什么样的人群才能称之为团队呢?

怀着相同的信念去做同一件事情的一群人。目标一致，成员才能团结一致；信念相同，才能拥有“舍小我，成大我”的精神。团队中的每一个成员都可以为了共同的目标和信念奋斗不歇，甚至可以牺牲个人的利益。

形成共同团队文化的一群人。团队拥有共同的价值观和行为准则，形成了独特的团队文化。团队文化反映在团队成员之间的互动、决策方式、奖励和认可机制等方面。

能力互补的一群人：团队成员具备不同的技能、知识和经验，相互补充，形成一个完整的能力结构。这样的能力多样性能够提供更全面的解决方案。

彼此信任和尊重，坦诚沟通的一群人：团队成员之间需要建立相互信任和尊重的关系，相信彼此的能力和承诺，愿意支持和帮助对方。这种互信关系是团队合作不可或缺的基础。同时，团队成员之间应有开放、诚实和有效的沟通。他们能够坦诚地表达意见和想法，倾听他人的观点，并顺利解决冲突和问题。

怀着相互配合的想法去做同一件事情的一群人。即使有着相同的目标，大家各自按照自己的想法行事，缺少了有效的配合，目标也无法达成。而当团队成员朝着共同的目标前进，互相帮助，互通有无，彼此配合，就能成为一个无坚不摧的团队，一个真正可以走向成功的团队。

然而，团队是由多人组成的，人多就意味着会有分歧产生，只有团队成员相互理解、相互配合，才能减少分歧的产生。大海之所以宽广，是因为它汇聚了成千上万条河流；宇宙之所以浩瀚无垠，是因为它包容繁星……要想使团队发挥强大的作用，团队的成员就要同心协力，当团队成员同心协力的时候，团队就拥有了披荆斩棘甚至力挽狂澜、扭转乾坤的力量。

第 4 节

团队中，人才是关键

我们在工作的时候，通常都会倾向于做那些自己认为值得去做的事情，而什么样的事情才值得自己去做呢？有价值的事一般符合以下几个条件：符合自己的价值观；适合自己的个性与气质；能让自己看到成功的期望。同样地，一份工作如果能达到这几个标准，人们在工作时就能保持更高的专注度和热情；反之，一旦达不到这些标准，人们就会倾向于懈怠和反感，做事的效率自然就会下降，成功的概率也会降低。

要解决工作价值感的问题，管理者首先应该想办法处理好人与职位的匹配度。那么，具体该怎样去做呢？英国著名的管理学家德尼摩认为，凡人与事都应有一个可安置的所在，一切都应在它该在的地方，这就是有名的“德尼摩定律”。按照德尼摩定律的说法，每个人、每样东西都有自身特有的价值和作用，而且都有一个最适合发挥这个价值的位置和平台，因此只要把它们安放在这个最合适的位置上，往往就能发挥出最大的功用。

德尼摩定律一般被运用到人员管理尤其是人事安排上。也就是说，管理者应该根据员工的特点、能力、喜好来合理安排任务，要让员工去做自己最擅长，而且最能发挥价值的工作。比如，技术能力强的，适合搞研发和生产；组织与协调能力强的适合当管理者；成功欲强烈的，应该给予他更多高难度的工作；团队感强的人，适合做一些分工精细的工作。如果能合理按照每一个员工的能力与特点进行职位分配，就能确保员工发挥出最大的价值，提升企业的生产效率。通俗地说，德尼摩定律就是所谓的“知人善任”，其中知人是前提，善任是手段。

但实际上，很多团队的管理者对于人才管理存在一个重大的误区，他们会觉得所谓管理就是将一大批工作者集中在一起，就是设定几个职位，然后将人员安放在这些职位上即可。因此，他们通常都会觉得一个好的团队必须拥有最出色的员工，这些员工必须拥有高学历、出色的技术，必须是精英中的精英。而另一些管理者则在进行员工招聘和人事安排的时候，常常很随机地安排人手，尽量确保每个位置上都有人工作。这些管理者实际上是以职位为主的，而忽略了对人的价值和特点的关注。

相反，有的管理者则会走极端——过分看重职员的能力，而忽略了他们和职位的匹配度。这些管理者往往会想到从名校中招收职员、从国外引进人才，或者选择一些“海归”担任要职，却忽略了一点：这些人是否与职位相匹配，他们是否能够在工作中发挥出自己的优势。事实上，随机安排员工或者专门招聘那些高学历的人才，未必能对工作产生积极的影响，有时候反而会进一步降低办事效率，甚至阻碍企业和团队的发展。

对于一个优秀的团队管理者来说，他们应该更看重人才的挖掘和合理运用，他们需要深入了解每一个员工的特长和优势，然后合理地安排职位。

建立汉朝的刘邦曾经非常自豪地说：“夫运筹帷幄之中，决胜千里之外，吾不如子房；镇国家，抚百姓，给饷馈，不绝粮道，吾不如萧何；连百万之军，战必胜，攻必取，吾不如韩信。此三者，皆人杰，吾能用之，此吾所以取天下也。”这就是管理者的用人之道。单论打仗和治军，刘邦可能不如房玄龄、萧何和韩信，但是他了解团队中每一个成员的能力，懂得合理安排职位，成功借助张良的谋略与智慧、萧何的管理才能、韩信的军事才能建立了汉朝。因此，可以说在整个团队中，刘邦才是那个最有能力的人，因为他不仅了解每一个人才的优势，并且能够将所有的人力资源整合起来，而这才是一个优秀管理者最应该去做的事情。

对于团队的管理者来说，应该专注于打造一个更加合理的团队。在这个团队中，不一定所有人都是精英，不一定所有人都是高学历的人才，重要的是每一个人都需要出现在最合适的岗位上，做最正确的事情。简单来说，团队的管理者就是要确保团队内部人才都可以发挥出自己最大的优势，都可以在自己最擅长的位置上发挥作用，这才是做好企业人力资源管理的关键，因为只有这样，整个团队的办事效率才会提高，才会产生“1+1>2”的效果。

第5节

卓越管理者的“潜藏之力”

卓越管理者的“潜藏之力”包括领导力、情商、创新思维、沟通能力、适应性、团队管理能力和目标导向等。他们能够增强团队凝聚力、强化团队的行动力、提升团队的战斗力、激发团队的潜力，同时提高团队的抗压力，引领他们朝着共同目标前进。这些潜藏之力可以通过培训、自我反思和实践来发展和提升。卓越的管理者在不断发展自己的潜能的同时，也能够帮助团队实现卓越的成果。

1. 增强团队的凝聚力

团队凝聚力的形成取决于多个因素。第一，共同的目标和价值观能够使团队成员在追求共同目标时形成紧密的联系和合作。第二，有效的沟通是增强凝聚力的关键，团队成员之间要有开放、诚实和高效的沟通。第三，互相信任和尊重也是团队凝聚力的基础，成员需要信任彼此的能力和承诺，并尊重彼此的观点和贡献。第四，共同的经历和奋斗也能够增加团队凝聚力，面对困难和挑战时一起努力并分享成功能够加强成员之间的联系。

团队凝聚力的高低能够决定团队成员之间是否相互吸引，能否尽可能地激发团队的潜能。要增强团队凝聚力，就意味着管理者需要凝聚团队所有成员的力量，努力引导所有成员积极向上，而管理者则要成为团队凝聚力的引导者和团队力量的带动者。

在21世纪这样一个经济飞速发展的时代，团队建设和管理已然是企业进步和发展的重要内容，“个人英雄主义”早已不适应于现代化发展的步伐。有效的领导和团队管理是增强团队凝聚力的关键，领导者应该能够激励团队成员、提供指导和支持，并鼓励团队合作和协作。

2. 强化团队的行动力

团队行动力也被称为“团队执行力”，是团队将理论战略和有关决策转化为行动的能力。团队成员（下属）接受管理者（上级）指令后，应迅速行动，并贯彻到底。这一能力要求管理者能够顺应团队实际，认清团队现状，找出团队成员在行动力上的优势和缺陷。当前企业或者团队所面临的最大问题之一，就是无法有效提高团队执行力，进而影响企业制度和有关战略战术的实施。

对管理者而言，团队执行力的高低决定了整个团队的工作效率高低，甚至决定了工作结果的好坏。要提高团队执行力，管理者可以从以下方面入手。

（1）明确目标和期望：管理者应该确保团队成员清楚理解自己的工作目标和企业战略。

（2）提供资源和支持：管理者需要为团队成员提供所需的资源和支持，确保他们能够顺利开展工作，并尽可能解决所有的障碍和问题。

（3）设定明确的工作计划和时间表：管理者可以与团队成员一起制订具体的工作计划和时间表，明确任务的优先级和截止日期，以确保工作按时完成。

（4）激励和激发团队成员的积极性：管理者应该通过适当的奖励和激励措施，激发团队成员的积极性和工作动力，增强他们的责任感和投入度。

（5）建立开放和支持性的沟通氛围：管理者需要鼓励团队成员之间的开放和有效的沟通，建立互相支持和合作的团队氛围。

（6）提供持续的反馈和指导：管理者应该定期与团队成员进行反馈和指导，指出他们的优点和改进空间，并提供具体的建议和支持。

（7）培养团队成员的技能和能力：管理者可以提供培训和发展机会，帮助团队成员提升工作技能和专业能力，提高整体执行力。

（8）激发团队合作和协作：管理者可以设立合作和协作的机制和激励措施，鼓励团队成员互相帮助、分享知识和经验，以增强团队的执行力和工作效率。

3. 提升团队的战斗力

战斗力，即作战能力，是一个团队战胜困难的力量，也是一个团队能够完成使命的根本。一个团队能否成为最强团队，体现在团队任务成功率的高低，更体现在整个团队战斗力的强弱。团队战斗力的强弱，除了影响到整个团队的工作能力和工作效果，最重要的是还影响着团队未来的走向和前景。

管理者作为团队战斗力的一把“利剑”，在进入团队后，首要任务就是以绝对的精神理念去提升团队的战斗力。而提升团队战斗力的关键在于明确目标和愿景，激发团队成员的动力和积极性，培养团队合作和协作的精神。通过明确传达目标和愿景，团队成员可以明白工作的重要性和方向。激发团队成员对目标的认同，并提供适当的奖励，可以激发他们的动力和积极性。同时，鼓励团队成员之间的合作和协作，创造积极的团队氛围，可以增强团队成员工作的积极性。管理者还应提供适当的培训和发展机会，帮助团队成员提升技能和能力。同时，建立开放的沟通渠道，并提供持续的反馈和指导，可以增强团队成员的表现和成长。通过这些措施，管理者可以提高团队的工作效率和绩效，最终提升团队的战斗力。

4. 激发团队的潜力

潜力是个人能力的发展可能性，受到外在条件和内部因素的影响，可以通过一定实践变为现实能力，而团队潜力则是实现团队个人能力的最大化。潜力的发现和激发是至关重要的，在这个过程中管理者所要做的，就是将团队成员安置在适合他们发挥潜力的岗位上，创造出绝佳的工作氛围，充分发挥团队成员的优势和特长。此外，提供培训和发展机会对于团队成员的成长也是至关重要的。通过持续的专业培训、跨部门经验和学习机会，可以帮助团队成员不断提高技能和知识，激发他们的创造力和动力。此外，管理者还应提供适当的资源和奖励，以增加团队成员的工作积极性，鼓励团队成员展现和发挥个人潜力。通过这些努力，管理者可以最大限度地提升团队潜力，从而实现团队的整体潜力的提升。

5. 提高团队的抗压力

团队的管理者在具体团队工作中，考虑的第一要素就是团队的“压力”问题，并且既要看到团队成员压力的根本来源，并从工作中找到解决之法，也要从团队成员的角度出发，选择性地听取团队成员的意见，总结适合团队发展的简单体系，帮助团队成员减少自身的压力，强化团队的抗压力。

事实证明，团队抗压力的强弱，与管理者能否做好人员管理息息相关。一个好的管理者会从失败中总结经验，也会从团队工作实践中汲取经验，及时发现管理过程中可能存在的盲点和不足之处，在改进工作方法和工作流程的过程中不断调整团队成员的情绪和心理状态，最终提高团队的抗压力。

第 6 节

成就自我的“四海之气”

团队管理者实现自我“四海之气”，意味着拥有广阔的视野和智慧，以及对多元文化和全球化的认识。第一，管理者应具备开放的心态，不用趾高气扬的口气，接纳不同观点和文化背景下的团队成员，并鼓励他们发表独到的见解和创新思维。第二，管理者应该有不打压他人的正气，促进团队之间的融合和合作。第三，管理者应有不抢夺功劳的义气，乐于分享和学习他人的经验和故事，与其他团队管理者保持密切的交流和合作，促进自我和团队的成长。第四，团队管理者应有不规避错误的勇气，从错误中吸取教训，并勇于承担责任。通过塑造自我“四海之气”，团队管理者能够担当起引领团队走向成功的角色，建立强大的团队文化和信任，实现个人和团队的目标。

1. 不趾高气扬的口气

在工作中，我们可能会遇到趾高气扬的管理者，他们骄傲自满，往往因为一点儿小成就便得意忘形。这种管理者通常颐指气使，显得得意扬扬，自以为是一个成功人士。然而，这种态度和行为会对团队和工作环境造成负面影响。首先，趾高气扬的管理者可能忽略其他团队成员的贡献和意见，导致团队合作和沟通受阻。他们可能过分强调个人的成就，而忽视整个团队的努力。其次，这样的管理者也可能缺乏谦虚和学习的心态，限制了个人和团队的进步和成长。最重要的是，这种态度会破坏团队精神和员工士气，造成负面情绪和低效率的工作环境。因此，对于趾高气扬的管理者，他们应该反思自己的态度，并与团队成员保持良好的沟通和合作，以实现共同的目标和成功。

2. 不打压他人的正气

员工有真才实学时，管理者不应妒忌其能力或才华，对其进行打压，或者想方设法阻止其施展才能，而应提拔、奖赏、给予机会，让其得到锻炼、得到发展。古人有云："所守者道义，所行者忠信，所惜者名节。"管理者只有正气傍身，才能公平公正、不偏不倚地对待员工，为企业、团队培养优秀的人才。

公正是管理者应该坚守的一大原则。管理者如果能够以员工为本，公平公正地看待每一位员工，保持"利归天下，誉属黎民"的淡泊情怀，那么在工作中，就能够秉持公正，真正做到"以德服人、以正服人"。

3. 不抢夺功劳的义气

古语有云，"君子不夺人所好"，意思是君子不会去侵占他人所喜爱的东西。就管理者而言，讲义气和不拘小节是一种魅力，更是应该具备的管理条件和能力。

事实证明，管理者抢占下属的功劳，并不是成功的捷径。但在这样一个竞争的时代，职场犹如战场，妄想通过取巧的手段，或者直接把他人的功劳占为己有，即使取得了成功，也只是暂时的。因为利用手段获取的成功和好处迟早会露馅，一旦被揭穿，小则丢失职务，大则可能失去多年建立的工作信誉，为自己的事业发展埋下障碍。

4. 不规避错误的勇气

鲁迅先生曾说："真的勇士，敢于直面惨淡的人生，敢于正视淋漓的鲜血。"勇气是一种意念，更是一种状态。一个成功的管理者，往往拥有"不规避错误的勇气"。管理者要想成功，接受自己的不完美，就要直面错误，敢于改正，努力成为一名善于规避错误的勇士。面对错误，管理者应该保持开放的心态，愿意倾听他人的反馈和建议。他们应该主动承担责任，并与团队成员进行合作，找到解决问题的方法。这种谦虚和勇气的态度将有助于建立信任和良好的工作关系。此外，管理者还应该努力发展自己的知识和技能，以规避未来可能出现的错误。持续学习和自我提升是管理者不可或缺的要素，通过不断更新自己的知识和技能，管理者可以更好地应对挑战和变化。

人最大的对手不是他人，而是自己。在工作中更是如此，管理者能够正确认识到已出现或者可能出现的错误，做到"有则改之，无则加勉"，才是正确的管理手段。

第十章
拥有副业变现思维

第1节

积极发展副业，改变自己的财富观

在《富爸爸·财务自由之路》这本书中，作者谈到了实现财富自由的秘诀。作者认为收入模式以及收入来源的不同决定了人们在财富积累方面的差距，而这些差距使得人们被划分成了四个不同的象限：雇员、自由职业者、企业所有人、投资者。

财富本身并没有一个固定模式，也不应该被束缚在一个单一模式上。真正实现了财富自由的人，要么是在某一领域实现了精进和垄断，要么是开拓了多条财富通道。考虑到多数人仍旧属于雇员和自由职业者，无法在技能精进和产业规模上形成优势，那么，要实现财富自由，最佳的方式就是开源，即开拓新的赚钱项目——给自己增加一些可靠的副业。

关于副业，目前并没有一个明确的定义，它的范围很广，主营业务或者固定工作以外的投资、合作、兼职都属于副业的范畴。通常情况下，副业的规模和营收都比主要的工作要差一点儿，但可以有效提高收入，丰富资产组合，提升生活质量。而且一些有价值、有潜力的副业在精心经营之后，可以得到很好的发展，甚至成为主要的收入来源。无论是雇员、自由职业者、企业所有人，还是投资者，多数人都会将副业当成拓展财富渠道的方法，当成一个新的财富增长点。

2021年初，某平台对2020年职场人士的副业开展情况进行了调查，发现59.5%的人在发展副业的时候最看重的一项就是增加收入。可以说，增加收入成了人们发展副业的第一需求和第一选择。比如，现在短视频行业非常火爆，很多普通上班族在工作之余都会拍摄一些有趣或者有意义的短视频，然后依靠它们的播放量来获得粉丝。等粉丝数量增长到一个较大的基数时，个人的品牌就会建立起来，短视频就会成为一个赚钱的门路。

副业的主要功能就是增加财富，确保资产的积累速度加快。但很多人对于副业有一个误解，认为只有那些无法实现经济自由，仍旧停留在低层次财富需求上的人才需要发展副业。事实上，越是经济宽裕的人，反而越对副业有着浓厚的兴趣。其实，发展副业是财商的重要组成部分，财商高的人对于财富有着更高、更敏锐的追求，财商低的人反而容易被“穷人思维”束缚住，一直从事固定的、单一的工作。

一般来说，发展副业可以丰富自己的资产组合，从而强化抵御风险的能力。比如，依靠副业赚来的钱可以增强个人的经济实力，也可以有效补充到主要的生产活动当中，尤其是当主业受到挫折时，副业的收益会成为有力的经济支柱。而且，将资金和精力分散到副业当中，可以起到分摊投资风险的作用，避免失去主要收入之后陷入困境。另外，副业所拓展的财富增长点，毫无疑问可以成为一个潜在的保障。

第2节

拓展信息渠道，挖掘发展副业的商机

1. 关注大环境，寻求时代发展的风口

时代发展往往会催生新的产业，或者会促进某个产业的快速发展。在很多创业者看来，这个时候，只要把握住时代的脉搏，掌握社会发展的潜在需求，就可以更快获得成功。

在20年前，互联网开始快速发展，并直接带动了电商的发展，这个时候国内出现了以阿里巴巴为首的电商平台。此时，一部分人开始意识到电商会成为中国互联网经济乃至中国经济的重要增长点，因此开始纷纷借助电商平台发展副业；而更多的人没能看见电商背后巨大的市场和引领社会变革的巨大意义，他们甚至坚定地认为电商平台无法创造任何价值，客户还是会回归线下的实体店，最终在质疑中错失了最佳的投资机会。

2. 做好市场调研工作，了解市场行情

真正善于投资、善于挖掘商机的人，一定会对市场进行调研，从市场中挖掘潜在的投资机会，把握产业发展的红利。通常情况下，他们会重点从两个方面入手。一方面，对产业分布状况、行业发展趋势，市场发展规律、市场环境、市场供给情况、市场竞争情况、市场营销因素等进行调研，弄清楚相关产业处于什么发展阶段，所处的市场和政治环境会对其产生什么影响，拥有什么

发展的优势和劣势，具有什么样的发展规律等。另一方面，对消费者的需求、消费结构、消费行为、消费模式进行调研，重点关注消费者收入、消费的频率、偏好、动机以及消费的金额等。

3. 利用数字化工具获得自己所需的信息

如今信息成为重要的资源，可以说谁掌握了更多高价值的信息，谁就可以掌握发展的主动权。因此，在开拓副业的时候，人们需要借助更多的数字化工具来完成信息搜集工作。如智能手机、互联网等，都属于最常见的数字化工具，它们正在改变人们搜集信息的方式。而在利用数字化工具的时候，人们需要完成以下三项重要的工作。

一是整合信息。随着信息的爆炸式增长，人们需要整合来自不同渠道的信息，将散乱的数据和内容进行有序整理和分类，包括将不同来源的信息集中于一个平台或工具中，并确保信息的存储和访问方式便捷高效，以提高工作效率。

二是信息的过滤和提炼。在海量的信息中找到有价值的内容是一项关键任务。人们需要通过对信息进行筛选、过滤和评估，确保获取的信息质量可靠、具有价值和实效性，这可能涉及设置关键词搜索、使用筛选工具、参考专业机构和权威资源等方法。

三是信息的深入挖掘。一旦获取到关键信息，人们还需要进行深入挖掘和分析，以获取更深层次的洞察和理解。比如使用数据分析工具和技术，将大数据转化为有用的洞察，发现数据中的趋势和模式，以支持决策和创新。

4. 搭建优质人脉网，获得更好的资源

在搭建人脉网的时候，很多人第一时间想到的是身边的熟人，亲戚、朋友、同事、同学是最理想的人脉关系—— 由于彼此之间的关系非常稳固，在

情感上更容易相互接近。可是，当一个人真正想要拓展副业，尤其是想要拓展优质的副业项目时，会发现身边的人和自己非常相似，大家的经历、经验、学识、专业、工作方向或者性格都有很多相似点，很难形成突破。

努力发展副业的人要想寻求一个自身行业以外的工作，需要跳出惯有思维，而这往往需要不同的生活环境来支撑。所以从发展的角度来说，拓展副业的人更应该跳出圈子，去接触更多不同的信息，向更多不同类型的人取经，更重要的是，要懂得去认识更多“优质”的人。首先，积极构建优质弱关系。副业由于通常涉及一些新的领域和产业，人们可能无法直接动用主业的人际关系来经营副业项目，因此需要额外拓展人脉，尤其是真正能够帮得上忙的人脉关系。其次，进入高端社群。借助互联网工具，多加入一些和副业相关的社群，最好是加入一些高端社群，这样能够了解第一手信息，并认识更多志同道合的人。

5. 从竞争对手中获得有价值的信息

研究竞争对手，能捕捉到更多参与者的动态，了解他们在市场中扮演的角色以及期待扮演的那些角色。那么，如何从竞争对手处获得有价值的信息呢？

第一，从对方的官网和新闻稿中找到蛛丝马迹。

第二，从竞争对手发布的白皮书中挖掘相关信息，找到对方的发展思路和规划，并制定相应的应对措施。

第三，看对方的年度总结报告。

第四，从对手的人事调动和管理层构建情况，看出对方发展方向和重点。

第五，研究对方的发展趋势。

第六，从消费者手上调研竞争对手的信息。

研究竞争对手的好处是多方面的。首先，可以全面了解市场竞争态势，有助于制定更有效的市场营销策略和销售战略。其次，可以识别自身的竞争优势和差距，并制订针对性的改进计划。最后，通过了解竞争对手的未来愿景，可以预测市场的发展趋势，并及时采取相应的行动。

第3节

充实自己，提升经营副业所需的能力

1. 掌握讲故事的技巧，积极引流

经营副业或多或少都会涉及营销问题，无论是自己开店、创办公司，还是从事自媒体运营，都需要引流，确保通过一些恰当的方式高效地拓展市场影响力。而在谈到营销的时候，一个非常重要的方法就是“讲故事”。《故事思维》的作者安妮特·西蒙斯认为，任何事情，任何一个东西，都是可以通过讲故事来描述清楚的。

对于发展副业的人来说，学会讲故事，且善于利用故事来推动自身的市场影响力非常重要。不过，这里所说的讲故事是一种营销的模式，而不是日常生活中所理解的那种用于消遣或者教育的故事。比如，营销故事的剧情可以非常简单，甚至可以被隐藏，就像那句经典广告词一样：“我们不生产水，我们只是大自然的搬运工。”但就这一句话来说，就是一个非常好的营销故事。

2. 提升资源整合能力，确保资源效用最大化

什么是资源的整合呢？简单来说，就是在一定条件下，寻求资源组合的价值最大化。资源整合的前提是在现代管理理念的支撑下，坚信任何事物和任

何人都是有价值的，而且都有一个最佳的岗位来发挥这些价值。

3. 打造多维度的知识结构，提升分析能力

副业经营需要开拓主业以外的新领域，因此掌握更多的新知识、丰富知识构成很有必要。比如，一个人在经营和拓展如理财产品、股票、店铺投资或者直播之类的副业时，需要对各自领域的专业知识有所了解。

不仅如此，为了更好地推动项目的进展，最好能掌握不同类型的知识，并对各类知识进行整合，如财务知识、理财知识、数学知识、英语知识、统筹学知识、概率学等。丰富而多维的知识结构可以帮助人们从不同的角度进行分析，构建起各种高效的思维模型。

4. 掌握自我包装的能力，打造最佳的身份

“包装”是个人品牌和项目品牌传播的一种模式，也凸显了个人品牌和项目品牌的价值，它可以赋予个人和品牌一个更优质的身份和明确的定位，包含了更好的个人形象、更专业的素养、更强大的技能以及更具特色的产品和服务。从这个角度来说，自我包装包含：塑造个人的品牌，外在形象的包装，打造一个展示自我的平台等。

5. 深化团队管理的能力，提升团队运作的效能

团队的建造主要确保在不同的岗位上使用最合适的人，确保所有的成员都可以找到最能发挥自身价值的岗位。为了确保副业项目持续高效运转，需要推动团队管理。副业的团队管理一般要重点强化三个方面的内容。

第一，确保员工的能力可以得到提升。这一点强调团队成员的成长，一般可以从多个方面入手，比如强化内部的培训工作，建立良好的学习氛围，给

予员工更多尝试的空间和试错的空间，为员工提供更好的发展平台，给予他们更大的工作权限等。这些工作都是管理能力的一种体现，管理者应该推动内部的进化，提升整体的工作效能。

第二，确保员工有一个更好的成长空间。如果说能力的提升代表了个人工作的需求，是为了应对当前的工作，那么成长空间的需求则代表了个人的长远规划，是自我实现的需求。成熟的团队应该为员工的长远发展考虑，应该为员工提供自我实现的平台和机会，比如，积极为员工提供挑战自我的机会，为员工安排更多的项目进行锻炼。

第三，确保员工收入得到提高。在一个副业项目的经营管理中，收入的提升是一个最基本的需求，可以说大部分参与副业项目的人都是为了获得更高的收入，因此团队的建造者和管理者必须将员工的收入提升作为管理工作的核心。和主业不同的是，副业项目一开始可以考虑低工资和高提成的模式，这样不仅能有效控制成本，还能有效激励员工。可以等到项目的营收比较稳定时，再逐步提升工资水平。这需要管理者做好规划，也需要领导团队做好相关的工作，从而提高项目的收益。

第 4 节

把握副业的发展节奏，做好风险控制

无论是寻求资产配置的合理化，还是单纯想要开拓新的财富通道，人们都习惯把副业当成一个新的工作模式。在多数人的潜意识中，副业是不设限的，自己可以以任何提高收入的项目作为副业。

但创业、投资或者兼职，本身都是有消耗的、有风险的，如果没有设置一个安全边界，那么可能会因为越界而遭受损失。高风险属性的项目就不适合普通大众，人们最好谨慎接触，如基金、期货、贵金属等。另外，如果投资人对于相关项目的内容和性质根本不了解，甚至第一次听说，这样的项目最好也不要去投资。对于那些发展副业的人来说，寻求一个安全的投资区间非常重要，一定要看清自己对相关行业是否了解，是否有能力去经营好相关的项目。

第一，能否说出这个项目主要经营什么，有什么特色和价值，对需求市场有什么影响，这是在经营一项副业之前所需的最基本的知识。如果连自己选择的项目是什么、做什么，在市场上扮演什么角色都不了解，那通过这个项目获得收入的可能性就很低。

第二，能否说出这个项目以及相关行业过去的发展模式以及现在的发展状态。了解事物发展的轨迹，挖掘事物发展的规律，永远都是投资者最应该做的功课。只有了解一个项目过去的发展历程以及现在的发展状况，才能更好地找到规律并做出判断。

第三，能否预估行业未来十年的发展状况，是否了解该项目未来五年的收益。如果说了解行业过去和当前的发展状态，是为了找出潜在的发展规律，那么对相关项目及其行业的未来进行评估，则是对项目价值评估的重要流程，投资人应该更加重视项目未来的成长空间，而不仅仅把眼光局限于当下。

第四，能否找出这个项目存在哪些风险，而面对这些风险，自己是否有能力去控制。在经营任何一个副业项目时，人们都要意识到：任何一个项目都是有风险的，自己是没有太多的精力来管理作为副业的项目的。所以，必须在创业和投资之前，列出这个项目潜在的各种风险，看看自己是否有能力、时间和精力来应对这些风险。

第5节

转变思维，把握副业的财富倍增法则

在发展自己的主业时，我们通常会强调：打造核心竞争力，打造自己的品牌，提升市场的掌控力和话语权，拥有自己的产品，打造一个成熟的研发和生产系统。简单来说，人们需要拥有一个有实力的主业，这样才能在市场上获得更大的影响力。

但对于发展副业而言，由于时间、精力有限，资本投入也相对较少，可能并不需要自己研发和生产产品，选择借助他人的产品来盈利，只需要将大部分的资源用于市场渠道的开拓上，也是一个可行的方案。而且，借助他人的资源经营，往往可以节约更多的成本。

某人想做葡萄生意，为了降低成本，他选择当中间商——专门做葡萄批发生意。他以2元的批发价跟果农进货，然后以4元的价格将葡萄卖给超市和水果商，一进一出就可以挣到翻倍的利润。等到渠道搭建成功，他还可以批发其他更多的水果，从而获得更多的利润。

这样一个简单项目的关键不在于生产——因为果农的葡萄和其他水果都是十分丰富的，而在于如何更好更快地拓展渠道。单渠道销售，获利有限，多渠道并行，就可以多重获利。

无论是经销商、代理商、批发商，还是单纯的代销行为，本质上都是对他人资源的利用。相比于生产和制造资源的人，他们只是资源的整合者和“搬运工”，而这样做的巨大优势就是可以将成本控制在一个较低的水平上，而这一点对于副业经营者来说非常重要。和发展主业需要掌握核心技术、不断增加投入相比，副业经营者更加看重各个环节上的成本监控。他们没有必要从源头上对市场进行掌控，没有必要将资源消耗在产品本身的打造上，他们可以依附其他的企业、产品生存，甚至可以偏离在主流市场之外生存。对于多数副业来说，在他人的优势基础上发展自己，借助他人的产品打开市场，是较好的盈利模式。一般来说，利用他人的产品盈利具有以下优势。

一是不需要投资研发和生产，节省了技术投入的成本。

二是不需要做一些基础投资，节省了厂房和人工成本。

三是不需要付出太多的时间和精力维持产品的生产，只需要按需引进产品即可。

四是可以有更多的选择，可以货比三家，选择性价比和质量最好的产品。

五是流动性强，只需要构建稳定而高效的销售渠道即可。

但在借助他人的产品盈利时，需要重点遵循以下原则。

一是产品的质量要得到保证，这是拓展市场和长远发展的基本保障。

二是要有稳定的供货渠道和稳定的销售渠道。

三是从产品多的地方进货，销往产品稀缺的市场，以更低的成本换取更大的利润。

四是善于包装自己，打造属于自己的品牌，从而赢得市场的认同。

五是在一定市场内，尽可能拿到相关产品的独家经营权，打造营销优势。

第 6 节

平衡好主业和副业的关系

在经营副业的时候，最大的困扰往往不是选择做什么行业，而是如何确保自己经营的项目不会与主业发生冲突。由于一个人的时间和精力是有限的，这就意味着主业和副业的经营时间和空间必然产生冲突。正因如此，人们在发展副业时，更应该充分了解自己的实际情况，合理安排主副业，确保不会相互冲突、相互干扰。

在协调主副业的发展时，选择合理高效的时间管理方法非常重要，它们是保障主业和副业能够同时发展的基本措施。比如，有很多知名的企业家可能兼顾了多重副业，他们有可能既是作家，又是电影制作人，但丰富的业余生活和多元的生活方式并没有让他们顾此失彼，也没有影响他们对主业工作的控制，原因就在于他们拥有出色的时间管理能力。他们可以对自己的不同工作进行合理安排，确保在顺利完成主业时，给副业留出更充足的时间。那么，如何合理支配时间，高效地完成所有的工作呢？

那就需要列出自己的工作清单。拥有副业的人想要保证主副业的工作不会相互干扰，就需要厘清它们之间的关系，并做好最基本的流程安排，因此，像下面这样列出一整天要做的工作清单非常重要。

主业（市场经理）：早上八点接见重要客户；十点之前向总经理提交工作报告；整理这个月的市场调查资料；购买三天后出差

的飞机票；去车间里检查这一批次的产品质量，并撰写质量检查报告。

副业（写作）：晚上八点前要赶出一篇时评，或者在头条发表一篇散文。

当列出一天的工作清单后，人们可以针对性地对工作和时间做出调整。为了避免两者相互干扰，人们需要对主业和副业的相关工作设定必要的时间。如果主业的工作做得得心应手，甚至还有时间盈余，那么就可以顺利推进副业；如果主业工作没能在上班期间完成，下班之后还要加班处理，就只能压缩副业的时间，因此，当天适度减少副业的工作时间就很有必要。

我们的工作安排虽然以主业为主，大部分的时间和精力都要用到主业上，但这并不意味着必须等到所有主业工作完成之后才能开始做副业。主业与副业是可以交叉进行的，也可以在时间上形成互补。因此，人们在安排时间时往往需要进行合理统筹。

比如，某人是一家面点店的老板，主业是制作糕点和面包，但与此同时，他也是一个知名的美食主播。他每天都会分享自己的工作，所以在制作糕点的过程中会进行直播。

需要注意的是，时间管理的核心是为了提升单位时间内的工作效率和工作效用。因此，为了确保时间能够合理安排，人们要想方设法提升自己的工作效率，确保单位时间内完成的工作量更高一些，这才是合理安排主业和副业工作时间的根本保障。